岡山文庫

320

笠岡《かさおか》シネマ風土記《ふどき》

世良《せら》 利和《としかず》

日本文教出版株式会社

岡山文庫・刊行のことば

岡山県は古く大和や北九州とともに、吉備の国として二千年の歴史をもち、遠くはるかな歴史の曙から、私たちの祖先の奮励とそして私たちの努力とによって、現在の強力な産業県へと飛躍的な発展を遂げております。

小社は創立十五周年にあたる昭和三十八年、このような歴史と発展をもつ古くして新しい岡山県のすべてを、〝岡山文庫〟（会員頒布）として逐次刊行する企画を樹て、翌三十九年から刊行を開始いたしました。

以来、県内各方面の学究、実践活動家の協力を得て、岡山県の自然と文化のあらゆる分野の様々な主題と取り組んで刊行を進めております。

郷土生活の裡に営々と築かれた文化は、近年、急速な近代化の波をうけて変貌を余儀なくされていますが、このような時代であればこそ、私たちは郷土認識の確かな視座が必要なのだと思います。

岡山文庫は、各巻ではテーマ別、全巻を通すと、壮大な岡山県のすべてにわたる百科事典の構想をもち、その約50％を写真と図版にあてるよう留意し、岡山県の全体像を立体的にとらえる、ユニークな郷土事典をめざしています。

岡山県人のみならず、地方文化に興味をお寄せの方々の良き伴侶とならんことを請い願う次第です。

はじめに

笠岡は岡山県の南西端を占め、西は広島県福山市、南は瀬戸内海を隔てて香川県と境を接している。現在の人口は47、613人で、総面積136・24平方キロメールのうち約15パーセントを江戸期以来の干拓地が占め、市街の中心部は古くからの干拓で陸地化された沿海域に形成されている。江戸の前期には福山藩の一部となり、中期以降は天領として代官の陣屋が置かれていた。

明治初期に短い間ながら現在の広島県東部と岡山県西部にまたがる小田県の県庁所在地となるが、やがて小田県は岡山県に併合された。その後備後地域が広島県に移されたため、笠岡は岡山県の西端に位置することとなった。現在の市域は井原市や矢掛町と接する北部の中山間域から大小約30の島々が連なる南部の島嶼域にまで広がっている。

本書はその笠岡と映画の関わりを掘り起こそうという試みである。筆者は2017年度に公益財団法人福武財団から瀬戸内海文化研究の助成を受け、笠岡沿海域と笠岡諸島をめぐる映画史調査の機会を持った。調査対象に笠岡を選んだきっかけは二つある。

一つは2014年に笠岡諸島の北木島で、およそ半世紀前に閉館した光映劇という映画館の建物が修復再生されたことだ。瀬戸内海の島にもかつては映画館があり、しかも当時の建物が内部も含めてそのまま残っていたという事実には心を動かされた。再生された映画館では地域の映像が上映され、島の人々のコミュニティスペースとして音楽イベントなども催されたという。

もう一つのきっかけは、岡山にゆかりの深い推理作家・横溝正史の作品を再読したことだ。周知のように横溝は、瀬戸内海の島をモデルにした作品をいくつか残している。晩年の大作『悪霊島』では、農閑期に各地をまわる備中神楽の社中が、水島灘に浮かぶ島の秋祭りに招かれていた。そして昔から島を訪れていた神楽社中や人形使いといった芸能者の存在が、謎めいた事件の背景として語られている。

また戦後間もない時期に発表された『獄門島』では笠岡諸島南端の島が舞台となり、戦前に来島して居ついた旅回り歌舞伎の女役者が事件の謎に深く関わっていた。横溝は実際には瀬戸内海の島に渡ったことはないが、島の風俗や社会についてはまったくの想像ではなく、知人の話を元に書かれている。祭りなどに合わせて島を訪れる芸能者は戦前からいたはずであり、その中に映画の興行主がいた可能性はあろう。

また同じく『獄門島』には、島に映画館はなかったが『愛染かつら』が笠岡の映画館にかかった時に別仕立ての船で島中の娘たちが観に行った、という一節がある。もしかすると横溝は、元ネタになるような話を聞いていたのかも知れない。

以上のような興味に誘われて、筆者は本書の出発点となる調査を始めた。ただし手がかりは少なく、参考となるような資料はほとんど見当たらなかった。それでも何度か聴き取り調査を重ねて証言を集め、2018年には助成研究の報告書として『島と海の映画史　笠岡沿海域および笠岡諸島編』をまとめた。

今回はその報告書に新たな調査の成果を加え、岡山文庫のシリーズとして刊行してもらうことになった。映画をキーワードに笠岡各地を巡る一種のシネマ紀行としてお読みいただければと思う。まだまだ調査は不十分ながら、いったん整理して刊行することで多くの人の目に触れ、情報の提供や内容についての指摘をいただけるものと期待している。

目次

第二部　笠岡諸島編

表紙／北木島光映劇の映写機
扉／光映劇の映写室プレート

注記

・本書に記載した各島（神島を除く）の面積・周囲のデータは加藤庸二『島の博物事典』（2015）による。また笠岡市および各島の人口は笠岡市のホームページに掲載されている2020年4月1日現在の住民登録人口を参照した。

・神島はすでに島ではないが、ここでは本土と陸続きになる以前の話が主となるため、第二部の笠岡諸島編で扱う。

・引用文の旧字体・旧かな遣いなどは、読みやすいようにできるだけ新字体・現代かな表記に改めた。

・表記等に紛れがある場合は初出時に［ ］で示した。

・聴き取り内容の引用に際しては、できるだけ他の証言や文字資料を重ねながら筆者がまとめる形を取っている。従って内容に間違いや不正確な点があるとすれば、それはすべて筆者の責任である。

・撮影者や提供元の記載がない写真は、筆者が撮影したものである。

第一部　笠岡沿海域編

笠岡駅前

一　映画の巡回興行

笠岡沿海域で初めて映画が上映されたのはいつのことなのか、その時期と場所がはっきりわかる資料は今のところ見当たらない。日本に映画が伝来したのは1896年11月から1897年にかけてのことで、一人ずつ箱を覗く方式のキネトスコープに始まり、スクリーンに映写する方式のシネマトグラフとヴァイタスコープが相次いで関西に持ち込まれた。映画はそこから全国に伝播し、やがて呼称も「活動写真」に統一されてゆく。

岡長平の『幻灯からトーキーまで』によれば、岡山県下の映画初上映は1897年4月27日の岡山市心明座とされている。広島県下ではそれより少し早く、同年4月7日に広島市旭の席で上映されたことが『芸備日日新聞』や『中国新聞』の記事・広告で確認できる。

両県の間に位置する笠岡については、1900年2月28日付の『山陽新報』に

「笠岡町笠置座にては去る二十五日より三日間米西戦争活動写真の興行中」とあり、初日から大勢の観客が詰めかけた様子が報じられている。私がこれまでに調査した範囲では、これがもっとも古い記録だ。（写真1）

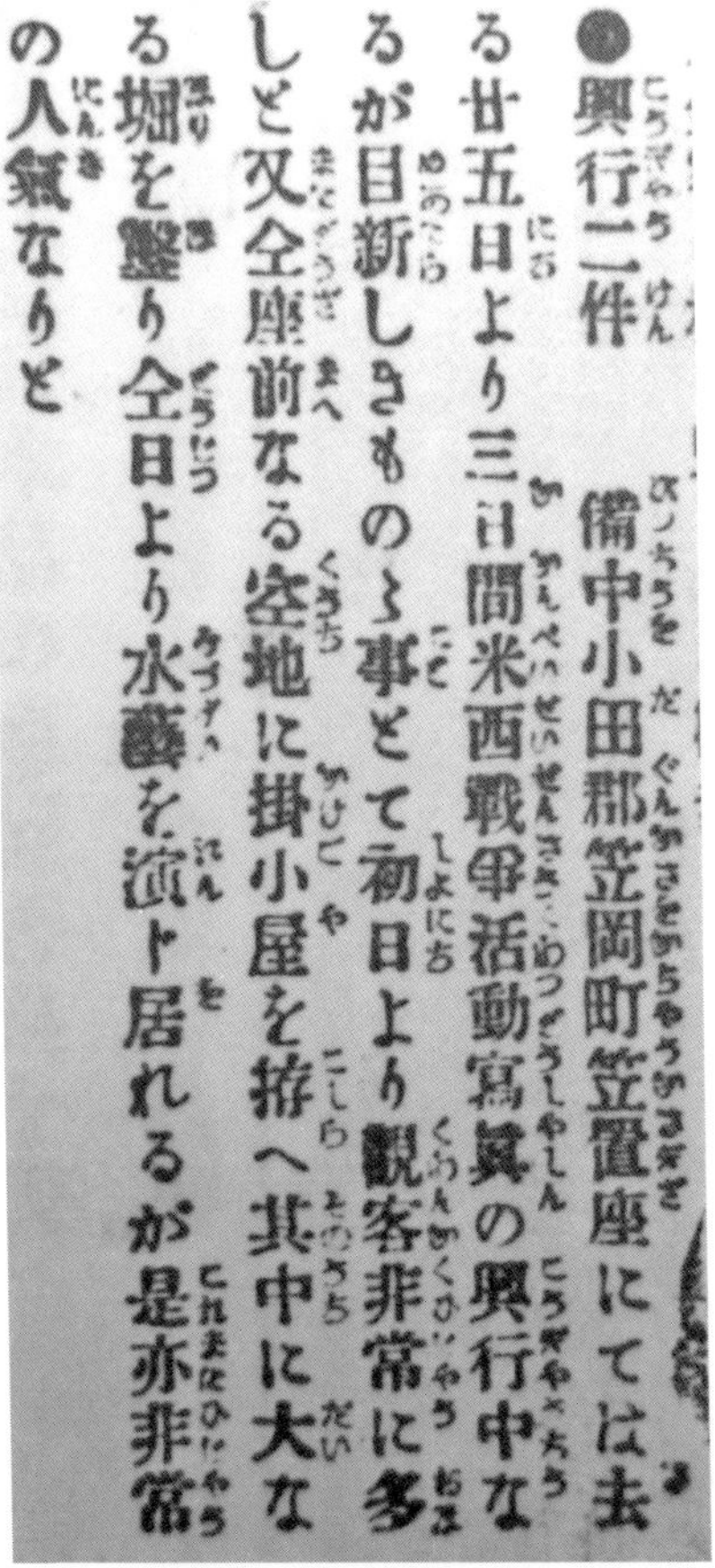
●興行《こうぎやう》二件《けん》 備中《びつちう》小田《をだ》郡《ぐん》笠岡町《かさをかちやう》笠置座《かさぎざ》にては去る廿五日《にち》より三日間《かかん》米西戦爭活動寫眞《べいせいせんさうくわつどうしやしん》の興行中《こうぎやうちう》なるが目新《めあたら》しきものゝ事《こと》とて初日《しよにち》より觀客非常《くわんかくひじやう》に多《おほ》しと又全座前《またぜんざまへ》なる空地《くうち》に掛小屋《かけごや》を拵《こしら》へ其中《そのうち》に大《だい》なる堀《ほり》を鑿《ほ》り全日より水藝《すゐげい》を演《えん》じ居れるが是亦非常《これまたひじやう》の人氣《にんき》なりと

写真1：笠岡での映画上映を報じる記事
（1900年2月28日付『山陽新報』）

また『岡山孤児院新報』131号によれば、1907年の8月5日と6日の両日、岡山孤児院音楽活動写真隊による慈善会が笠岡町・富士美座で開催されており、活動写真の上映が行われたと考えられる。さらに津田白印の甘露育児院が1906、7年頃から募金活動に活動写真を導入しており、地元の笠岡でも上映が行われたのではなかろうか。そして1912年1月8日付『山陽新報』は、同月6日からの東京活動写真Mパテー商会による笠岡・戎座（後の大和座）での興行について報じている。

もちろん笠岡には常設の映画館などない時代であり、笠岡におけるこれら初期の映画上映は芝居小屋や演芸場などを中心に行われていた。笠岡北部出身の作家・木山捷平の回想『わが半生記』には、1913年に父親に連れられて活動小屋（映画館）で初めて活動写真を見たという記述があるが、場所は笠岡ではなく岡山市の岡山倶楽部でのことであった。

二　笠岡の芝居小屋

明治後期の笠岡にあった芝居小屋や演芸場としては、前述の笠置座、富士美座、戎座のほかに、祝座、笠岡劇場といった名前が散見される。1903年頃に開場したとされる戎座については、広沢澄郎編著『笠岡の町地図1』に部分収録された大日本東京交通社の1929年9月版「笠岡町地図」に記載がある。戎座は山陽本線と井笠鉄道と隅田川に挟まれた三角地帯に位置しており、後の大和座のことだとわかる。

同じく1929年発行の地図『岡山縣小田郡笠岡町』が『今昔写真集　笠岡今はむかし物語』に収録されているが、こちらではすでに大和座と記されており、戎座から大和座への改称はこの年あたりと推測されよう。1932年版『笠岡商工案内』の大和座についての次のような記述もそれを裏付けている。

「街の西にある、最近まで戎座と言っていたが、改称してもう三年になる、収容人員八百余名、笠岡での唯一の劇場でまた芝居ファンの唯一の慰安場なのだ。」

その他の芝居小屋についての場所や変遷、相互の関係等の詳細は不明だ。1897年10月9日付『山陽新報』は、萬木茂三郎ほか13名が出願していた笠岡演劇株式会社の設立が許可されたと報じているが、どの芝居小屋と関係があったのかは今のところわかっていない。また正寿場町の公会堂では1950年代半ば頃まで芝居の興行が行われ、旅役者が向かいの御堂に泊まっていたそうだ。以前は神楽も行われていたらしく、もしかすると戦前からここで芝居が行われていたのかも知れない。

前川公美夫の『頗る非常!怪人活弁士・駒田好洋の巡業奇聞』によれば、活動写真の草創期に自ら巡業隊を率いて全国津々浦々を廻った人気弁士・駒田好洋の『巡業奇聞』に、笠岡の芝居小屋について触れた短い回想が収録されている。笠岡の朝日座という芝居小屋はすぐ裏に線路があって、汽車が通ると弁士のセリフや説明は一切聞こえなくなった、というのだ。

ただし、明治・大正期の笠岡に朝日座という芝居小屋があったかどうかは確認できていない。線路の近くというのは戎座（後の大和座）を想起させるし、大正末期には井原の駅前に朝日館という寄席が開館し、土・日には映画を上映していた。この朝日館は、笠岡で曙館という映画館に関わった仁科政《まさ》二郎が一時期経営していたので、駒田が混同している可能性もあろう。また駒田の『巡業奇聞』には笠岡劇場の名前も出てくる。

笠岡中心部の西側、竜王山の西麓に広がる金浦《かなうら》地区には、大正末期から金浦座という芝居小屋があり、1941年版『合同年鑑』では経営者が笠原末［未］男となっている。『語り継ぐ金浦』によれば、金浦座は80坪くらいの広さで客席は畳敷き、内部には花道や売店があり、2階席の一番前に巡査のための臨検席が設けられていたそうだ。

一方、笠岡中心部の東側、海に面した古城山の東麓に位置する伏越《ふしごえ》一帯は、かって笠岡沖の島々から数多くの船が出入りする港町としてにぎわった。商店や飲食店が軒を連ねていただけでなく遊郭があり、今も残る古い建物には当時の面影を見ることができる。

大正時代の伏越界隈の様子を、伴芳子は『神島回顧（続）』の中で次のように回想している。

「港で上陸した者は遊郭を通らねば学校へも町へも、駅へも行けないことになっていた。（……）伏越港は笠岡諸島から笠岡への最短距離の港だったので、沖島の人々にとっては交通、経済の太い絆で結ばれた重要な港だった。島々で作る農産物は伏越港まで船で運んで来れば右から左へ換金することが出来たのだ。（……）枡忠廻漕店を中心にして海岸沿いに沖島の人々を客とする店が並んでいた」

岡山市の西中島遊郭に旭座があったように、遊郭の近くには芝居小屋が建っているケースが少なくない。もし伏越に芝居小屋があったとすれば、そこでも巡回による映画興行が行われた可能性が出てくるだろう。現在までの調査では伏越の芝居小屋や映画興行についての具体的な裏付けは確認できていないが、城山の麓で芝居をやっていたという情報もある。今後改めて資料の発掘と聴き取り調査を行いたい。

三　戦前にあった映画館

笠岡に映画の常設館ができた時期も今のところはっきりしないが、遅くとも大正時代の終わりには映画館があった。１９２４―２５年度版『映画年鑑』には、松竹系の曙館が記載されている。１９２７年版の『映画事業総覧』では定員７００名とあり、好評だった上映作品として阪東妻三郎主演の『尊王』（１９２６）

と『素浪人』（1926）、アメリカ映画『殴られる彼奴』（1924）といったタイトルが挙げられていた。1923年7月発行の笠岡市街略図には、観照院の南にその曙館の名前があるが、1929年の地図と比べると、建物の向きが異なるように見える。（写真2）

1932年版『笠岡商工案内』は曙館を次のように紹介している。

「キネマ時代にめぐまれて松竹系の常設キネマ館である、かつては田中絹代などのスターを引き連れて鈴木傳明などがステージからファンへのお目見えをしたこともあり、内部も改善されてから気持よいキネマ館である、収容人員も約六百である」

曙館は後に松竹系だけでなく日活や新興キネマの作品も上映していたようだ。同館が元は芝居小屋だったのかどうかは不明だが、関係者の自宅には戦後も芝居に使う駕籠や提灯が転がっていたそうだ。経営者は資料によって「宮仲」、「仁科

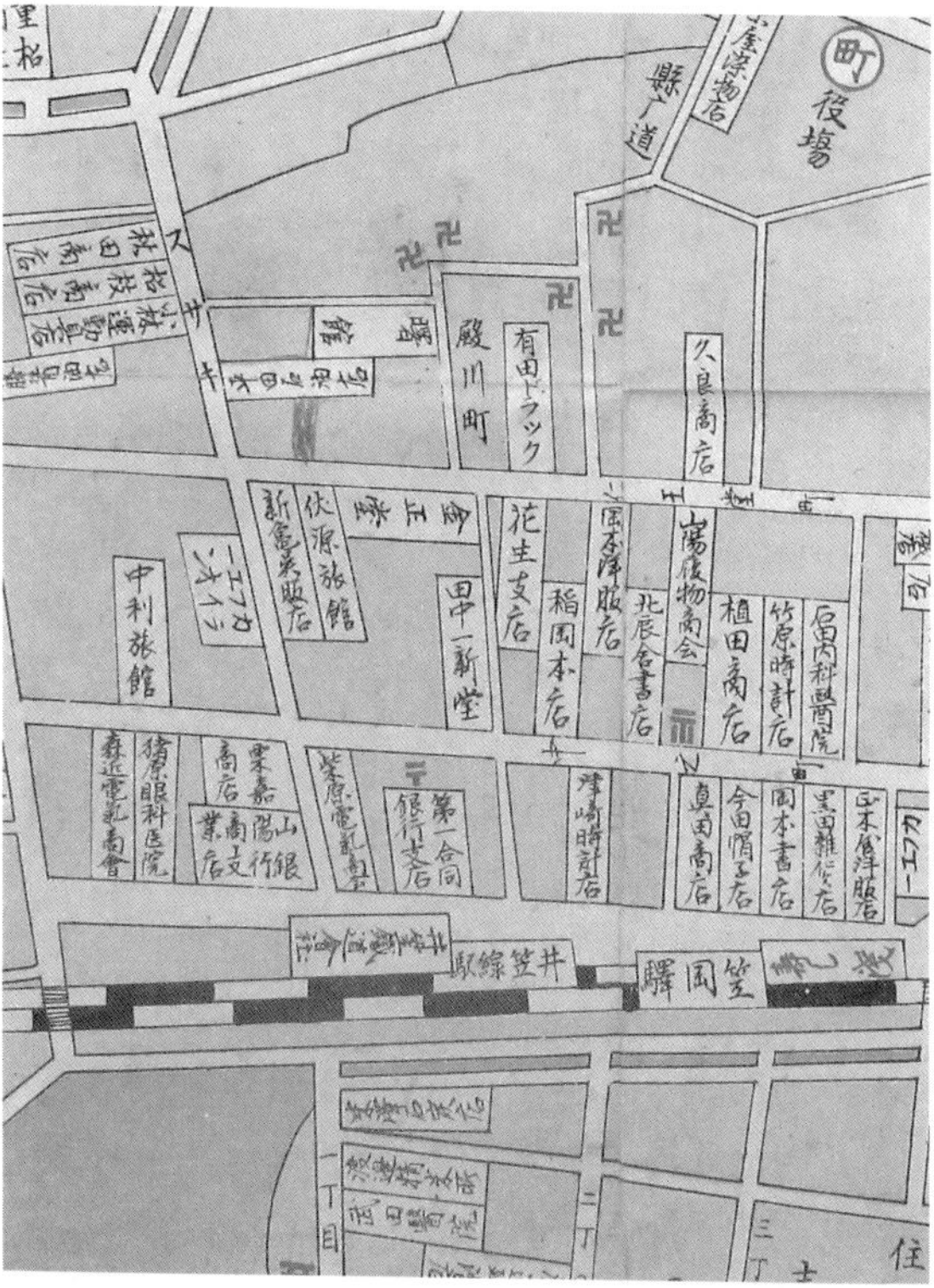

写真2：1923 年 7 月発行の岡山県内市街地図・郡地図
笠岡市街略図　附商工業家案内（岡山県立記録資料館所蔵）

政二郎」、「吉仲興行部」、「仁科秀子」などとなっている。吉仲興行部は笠岡にあった「吉仲」という芸妓の置屋の屋号と同じであり、「宮仲」は誤植だろう。

1932年版『笠岡商工案内』には置屋および活動常設曙館の経営者として仁科イトの名前が記載されているが、この仁科家の屋号が吉仲だった。仁科家の方によれば、秀子はイトの養女として仁科家に入ったそうだ。そして政二郎を婿に迎えるが後に離縁している。1929年の大日本東京交通社版「笠岡町地図」を見ると、曙館およびその事務所があった場所は、戦後に笠岡映画劇場［笠岡映画館］と大［太］洋座が開館していた場所だ。現在の住所では「中央町17の12および33」に該当する。

1941年版『日本映画年鑑』では曙館の収容人数は550名と記され、経営者には仁科秀子の実兄である瀬戸健二郎の名前が記載されている。曙館の記載が確認できる全国版の資料はこれが最後となるが、県域の資料では1942年版『合同年鑑』の「岡山県下劇場映画館寄席一覧表」に仁科秀子の名前で記載がある。

曙館は火事で焼失したとの情報があるが、詳細は未確認だ。なお1940年5月に発足した「岡山県映画演劇興行組合」の名簿には笠岡地区に「大和座」と並んで「映画劇場」の名前が見える。名称が戦後の笠岡映画劇場を連想させることから、おそらく曙館と関係があるのではないか。

これに対して、戎座の後身である大和座は『合同年鑑』の1940年版までは劇場・寄席に分類されていたが、映画の上映に使われることもあったようだ。劇場主として小野［洪］司の名前が見える。そして1941年版『日本映画年鑑』から映画館として登場し、経営者は小野圓［円］治となっている。戦前期の『日本映画年鑑』では1942年版以降、笠岡の映画館として記載があるのはこの大和座のみだ。定員は699人で、もちろん枡席や花道もあったそうだ。所在地は「西本町5602」となっている。

四　戦後の映画館

小野圓治の大和座と瀬戸健二郎の笠映（笠岡映画劇場、東宝笠映）は戦後間もなく営業を開始している。1950年版『映画年鑑』に定員629名と記されている大和座は、引き続き戦前と同じ場所にあって、当初は松竹や東京映配（東映の前身の一つ）、洋画の配給を受けた。1950年代の終わりに笠岡東映と改称しているが、昔を知る笠岡の人は今も大和座と呼ぶことが多い。笠岡東映への改称は、後述する東映セントラルの新規開館も含めて、おそらく東映の配給が二系統になることへの対応策ではなかったか。経営には小野圓治とともに次女・富子の夫である小野勇の名前が挙がっている。

『今昔写真集　笠岡今はむかし物語』は笠岡東映時代の外観写真を掲載し、次のような説明文を添えている。

「大和座は、もともと芝居劇場だったため、広い舞台があり、中央には廻り舞台の設備も残っていました。これらを利用して、当時の人気歌手を招いて、歌謡ショーも行われていました。」（写真3）

一方の笠映は定員500名と記され、当初は主に大映や東宝、新東宝の配給を受けていたようだ。場所は曙館があったところで、こちらの経営者には瀬戸とともに仁科秀子の息子・勝の名前が見える。当時の映画館では冬の暖房に石炭ストーブを置き、客の求めに応じて小型の炭団《たどん》火鉢が用意されたそうだ。

1952年版の『映画年鑑』には大和座と笠映に加えて、新たに大洋座と金星［映画］劇場が記載されている。大洋座は瀬戸健二郎の系列館で、笠映の北裏側にある定員150人の小規模な映画館だった。当初は大映、新東宝の作品や洋画を上映しており、代表の瀬戸元市は健二郎の息子だ。そして笠映の経営者には1959年版『山陽年鑑』から、曙館以来久しぶりに仁科秀子の名前が復活する。（写真4）

写真3：1971 年頃の笠岡東映（大和座）

宣伝看板は梅宮辰夫主演『未亡人ごろしの帝王』（1971）と若山富三郎主演『極悪坊主 飲む打つ買う』（1971）その横は鶴田浩二と高倉健。 （写真提供：笠岡市）

ちなみに、瀬戸の大［太］洋映興株式会社は笠岡の二館以外に、系列館として岡山市上之町の岡山映画劇場と津山市新魚町のさくら映画劇場を持っていた時期がある。また1961年版『笠岡商工名鑑』には笠映の創業が「大正元年」となっており、これが前身だった曙館の創業年なのかも知れない。

一方、金映の呼称で親しまれた金星劇場は、笠神社北側の浜田地区（笠岡2127）にあった。1961年版『笠岡商工名鑑』には1951年創業と記載され、山本明男が経営していた。当初は新東宝、東映などの配給を受けたが、後には大映作品を上映して笠岡大映と称し

写真4：大洋座と笠映の宣伝看板

大洋座の『折れた矢』（1950）はジェームズ・スチュアート主演の西部劇。笠映の『馬喰一代』（1951）は三船敏郎主演。（写真提供：故・藤井寿幸氏。『今昔写真集 笠岡今はむかし物語』より転載）

た時期もある。金映は伏越港から近かったため、笠岡諸島の人々にとっては馴染みの深い映画館だったようだ。島々で聴き取りを行った際にも、この金映の名前を懐かしそうに挙げる人が少なからずいた。(写真5)

枝広俊［一］が経営した金浦座は戦前からの芝居小屋を引き継いだものだった。1951年1月発行の『金浦町沿革史』には「金浦座　枝廣俊一　金浦町西浜」という広告が見える。『語り継ぐ金浦』には、その場所について次のような聴き取りが採録されている。

「場所は現在の"金浦口バス停"にちかく、かっての万年(お好み焼き店)の敷地北側の小路を東へすこし入った所で、表通りからはそれと分りにくかった。」

所在地は「金浦1428」となっている。『語り継ぐ金浦』によれば、当初は芝居や浪曲だけで映画はやっておらず、後になって2階席から張り出す形で映写

写真5：金映近くの家屋に残っていた京マチ子主演『踊子』（1957）のポスター　　　（2012 年 3 月藤井俊幸氏撮影）

室が設けられたという。その時期は不明だが、1952年版『山陽年鑑』にはすでに映画館として記載されている。常設ではなかったかも知れないが、遅くとも1951年までには映画興行が始まっていたのではないか。

金浦座は1960年版『映画年鑑』の別冊「映画便覧」に邦画の上映館として掲載されている。『笠岡商工名鑑』の1961年版での業種も映画館となっており、同じく1966年版には1950年創業という記述が見える。また1961年版『映画年鑑』の別冊『映画便覧』には、経営者として枝広とともにその縁者と思われる枝広幹雄の名前が記載されている。

1955年5月には大和座の小野圓治が系列館として中央劇場をオープンさせた。場所は現在のトマト銀行笠岡支店の敷地の東側部分にあたり、経営者は1959年版『山陽年鑑』から圓治の三女・博子の名前が記載され、1966年版『笠岡商工名鑑』には博子の夫・朝生完治の名前が見える。この映画館は地元の人々に洋画専門館として記憶されているだけでなく、斜め向かいにあった「斉藤」の中華そばの味とセットで想い出す人も多いようだ。

また１９５９年年頃に大和座（笠岡東映）を継いだ小野勇・富子夫妻は、１９６０年６月に当時の笠岡郵便局の裏付近（現在の「セントラル歯科」のあたり）で新たに東映セントラル（１９６２年頃に笠岡セントラルと改称）を経営した。２階に座敷席があったというセントラルでは、当初東映の配給を受けるが後には主に日活作品を上映し、さらには松竹や東宝の作品を上映した時期もある。

以上のように、映画最盛期の笠岡沿海地域には、全部で７つの映画館が開業（同時営業は最多で６館）したことになる。

五　映画の活況と衰退

１９５０年代の映画は最も人気のある大衆娯楽として活況を呈し、映画館数・入場者数とも急激に増加する黄金時代を迎えていた。笠岡にも俳優や歌手が舞台挨拶にやって来ており、大和座やセントラルの関係者によれば、大和座には桜町弘子や丘さとみのほか、歌手をめざしていた若き日の松方弘樹が、父・近衛十四郎に連れられて来たこともあるという。学生服姿だったそうだ。一方、１９６０年開館のセントラルには、デビュー直後の藤竜也、笹森礼子、浜田光夫、太田雅子（後の梶芽衣子）らが相次いで訪れていた。

映画の黄金時代を知る人たちに聞くと、市街中心部の西にあった大和座（笠岡東映）からセントラル、中央劇場、笠映・大洋座の間は人通りが絶えず、さらに東の金映あたりまで多くの人が行き交っていたという。中央劇場の周辺には飲食店や宿屋も多く、笠映で夜の1時頃から2本立てのナイトショーがある日はそちらへ人が流れ、夜中までにぎわいがあったそうだ。

笠岡駅前の街頭スピーカーからはいつも映画の宣伝が聞こえ、金映や笠映は大きな音で客入れの音楽を流し、宣伝広告業者が鳴り物を使って、ナイトショーの告知をしていた。上映作品が入れ替わるたびに、映画館専属の絵師が映画看板を描き、街角には上映作品の立て看板が置かれた。映画館はいつも満員で、後ろの壁にまで立ち見の客が並び、扉が閉まらないほどだったという。

けれどもテレビの普及によって映画の活況には終止符が打たれ、１９６０年代に入ると日本の映画産業は急激に斜陽化し始める。笠岡でも１９６０年頃をピークとして、映画人気はまるで潮が引くように衰退し、その後は一館また一館と閉鎖に追い込まれてゆく。大洋座は１９６０年５月末、笠映は１９６２年８月に相次いで閉館し、跡地は和信というスーパーマーケットになった。和信はその後少し東の場所に移転し、現在は笠映の跡地に丸民、大洋座の跡地に笠岡中央ふれあい会館がある。

金浦座は１９６６年版『笠岡商工名鑑』にはまだ記載があり、１９６５年頃に閉館したようだ。中央劇場は１９７０年９月末に閉館し、金映も１９７１年版『笠岡商工名鑑』にまだ記載があるものの、１９６９年までには閉館したと見られる。金映の跡地は後に「スーパーキンエー」というマーケットになっていた時期がある。また１９８１年11月末には大和座（笠岡東映）が閉館し、１９８５年５月に閉館した笠岡セントラルを最後に、笠岡の街からは映画館がすべて消えてしまう。晩期の金映、大和座、セントラルはいずれも成人映画を上映していた。閉館後の大和座とセントラルは駐車場になった。（写真６－１と２）

現在の笠岡では、封切りの映画を観るには福山、倉敷、岡山といった街まで出かけるほかはない。映画館がなくなってすでに35年が経つ中で、笠岡市と協働する市民グループ「この指とまれネットワーク委員会」ではときおり上映会を実施しており、ドライブインシアターの企画も模索されている。またセントラルの跡地に隣接する井戸会館を中心に、ｐｏｐｃｏｒｎという少人数上映システムを利用する「笠岡小さな映画館プロジェクト」の動きもある。

写真6−1：駐車場になっていた解体前の笠岡セントラル
（2012 年 5 月藤井俊幸氏撮影）

写真6−2：駐車場の案内板（拡大）

六　セントラルの映写機と小野富子

ところで笠岡の映画興行には後日譚がある。セントラルの幕が下りてから27年後のことだ。東京・飯田橋の名画座ギンレイホールの加藤忠社長が運営する成田映画センターには、全国から収集された160台を超える映写機が保存されているが、その中の1台が笠岡セントラルで使われていた映写機なのだ。セントラル側から何とか保存したいという要望があり、送られてきたものだという。（写真7）

そして加藤社長は2012年10月4日に自ら笠岡まで足を運び、大和座（笠岡東映）および笠岡セントラルの経営者だった小野富子（故人、当時90歳）に自宅でインタビューしている。その様子をビデオ撮影した約17分の貴重な映像が残されており、筆者は加藤社長からそれを視聴する機会を与えられた。富子の語りには文字資料や他の関係者の証言と食い違う部分もあるが、以下には彼女による話の概要をそのまま紹介しておく。

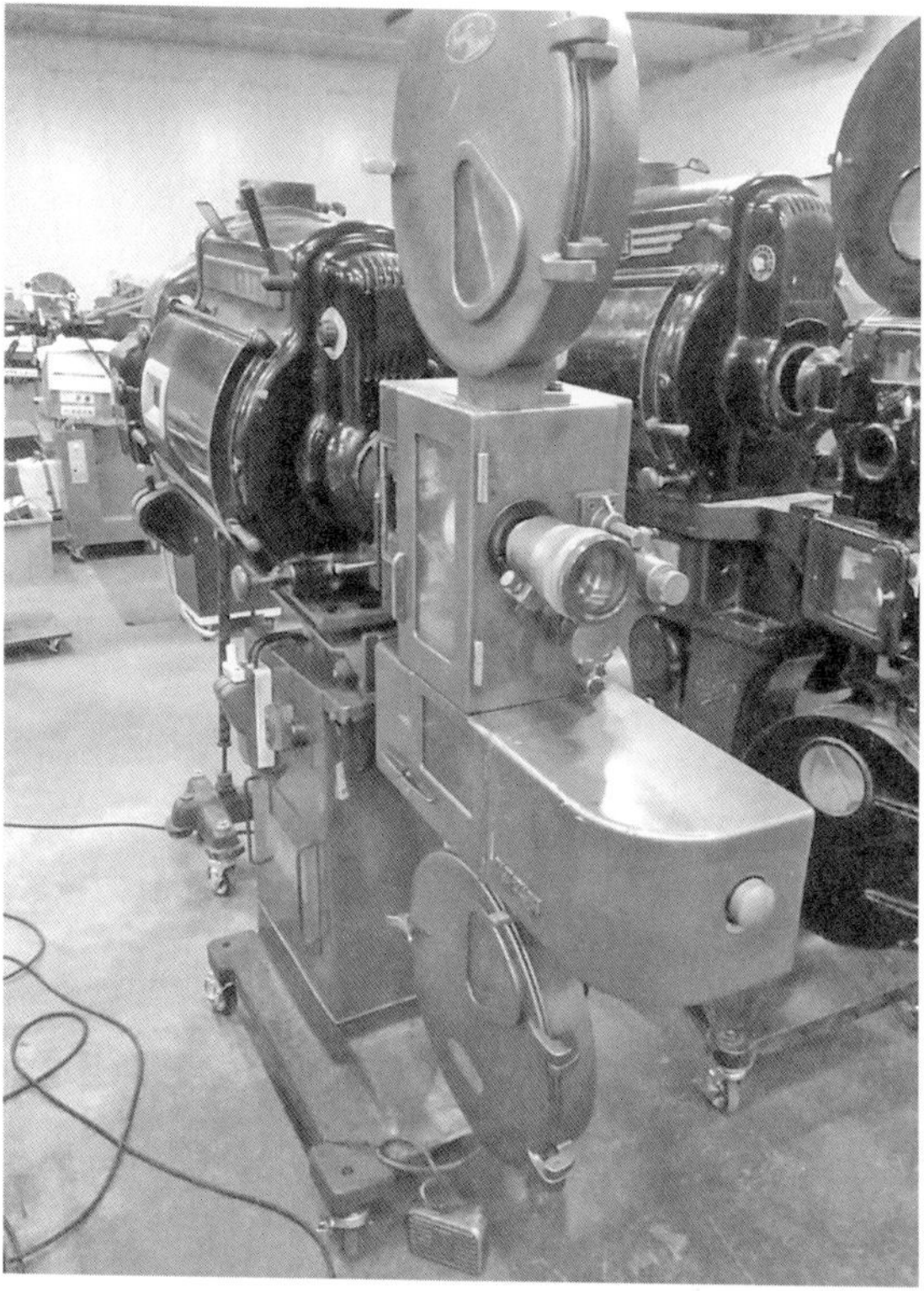

写真7：セントラルで使われていた映写機
ギンレイホール成田映画センター所蔵（写真は 2015 年 1 月にギンレイホールのスタッフによって撮影されたもの）

小野富子は1922年（大正11）生れ。京都の女子大を出て笠岡の学校で教師になるつもりだった。父が経営する映画館の大和座は、もともと明治時代からの芝居小屋で、かつては戎座と呼ばれていた。歌舞伎の興行だけでなく組合の集会、踊りの会、歌謡大会などにも使われ、多目的ホールの役割を果たしていた。富子の祖父がそこの株を持っており、後に富子の父が劇場株を買い占めた。おそらく盆暮れにしか現金の入らない家業の商売より、前払いで受け取る芝居興行が魅力的だったのだろう。

大和座で映画をやり出したのは富子が生れた年からだという。昔は日活が時代劇をやっていて、大河内傳次郎の映画も上映したことがある。当時はずっと映画をやっていた訳ではなく、映画は月に10日とか1週間とかだった。

戦争が始まると従業員が次々に兵隊に取られ、大和座は富子と父だけになってしまう。映画をやめる訳にはいかないので仕方なく富子が入り、男になったつもりで一生懸命働き、映写も看板書きもやった。映写は岡山市にあった金馬館で教えてもらった。

戦後は翌月上映する番組を買い付けるために40年間毎月大阪に通い、近辺の館主たちと御堂筋にあった日活や東映などの映画会社で交渉した。1955年には富子の父が新たに洋画専門の中央劇場をオープンさせた。場所はよかったが経営を任せた妹夫婦が手を広げすぎて失敗し、倒産した。

また映画が盛んになったころ、東映が配給を二系統作ると言ってきた。他館へ回されては困るので、夫と大和座の近くに東映セントラルを開館させた。1960年のことだ。その後東映が一系統に戻ったため、大和座で東映の時代劇をやり、セントラルは裕次郎などの日活作品を上映した。

だがテレビの普及で映画も止めることになり、閉館後は両館とも跡地を駐車場にした。大和座は建物を取り壊して青空駐車場にしたが、セントラルの方は屋根を残したままだった。去年その屋根が一部崩落したため、建物をすべて取り壊すことにした。大和座の時には業者に映写機を引き取ってもらったが、すでにそうした業者もいない。息子がなんとか映写機を保存したいということで今回の寄贈申し出となった。

富子の記憶と語りはとても90歳とは思えないほどしっかりしている。笠岡の映画史をまとめる筆者の取り組みがあと5年早ければ、直接本人から話を聞けたのにと残念でならない。いずれにせよ、加藤社長によるこのインタビュー映像は、笠岡の映画興行史にとって大切な資料となろう。

七　映画に登場する笠岡

これまでの調査では、戦前の劇映画で笠岡の沿海域が描かれたり、現地でロケが行われたりしたという情報は見当たらない。１９１５年1月16日付『琉球新報』に掲載された那覇・帝国館の上映広告には、『大坂美人笠岡詣』という実写フィルムのタイトルが見えるが、具体的な内容や製作会社などの作品データ、笠岡で撮影・上映されたのかどうかといった詳細は不明だ。

また昭和初期には瀬戸内海の風景がたびたび実写映画・観光映画になっており、そうした中に笠岡および笠岡諸島の姿が映っていた可能性は高い。戦前期については他の記録映画も含めてさらに調査する必要がある。

戦後の劇映画では、片岡千恵蔵がモダンな金田一耕助に扮した横溝正史原作の『獄門島《じま》』（１９４９）の中で、笠岡という地名が何度か出てくる。この作品のフィルムは１０２分に編集した総集編しか残っておらず、前編・後編合わせて１６９分だったオリジナル映像の中に、笠岡という設定の場面が出てきた可能性がある。ただし本作で笠岡ロケが行われたという情報はない。

また沿海地域ではないが、長谷川一夫主演の柔道映画『花の講道館』（１９５３）のロケの一部が、旧井笠鉄道の吉田村駅付近で行われている。本作のメインロケ地は倉敷の美観地区だったが、長谷川演じる主人公が柔道修行のために上京し、それを第１回ミス日本の山本富士子が見送るシーンが井笠鉄道を使って撮影されたのだ。
当初予定されていた北川駅付近でのロケが変更になった経緯を、1953年3月24日付『山陽新聞』岡山市内版は「一時撮影不能に『花の講道館』ロケ」という見出しで、次のように報じている。

「当日早朝から押しかけた観衆はざっと一万数千名で、交通整理の警官や関係者らも手のつけようがなく、人波に押されて麦畑はふみつぶされる始末で、ついに撮影不能のままやむなく位置の変更を行い、午後三時ごろやっと吉田駅付近を背景に無事撮影を終った。」

当日は鬮場《くじば》駅付近にも人だかりができていたそうだ。なお、このロケの際、監督や山本富士子は大映系の封切り館だった笠映の瀬戸健二郎が経営する料亭旅館に泊まったという情報がある。（写真8）（写真9）
一方、渥美清と中村勘九郎（五代目）が主演した松竹八十年記念作品『友情』

ピーポー 豆列車も一役
順調に「花の講道館」ロケ

写真8：『花の講道館』ロケを報じた記事
（1953 年 3 月 25 日付『夕刊岡山』）

写真9：車で移動する山本富士子
（写真提供:故・藤井寿幸氏『今昔写真集 笠岡今はむかし物語』より転載）

（１９７５）では、映画の終盤で笠岡が舞台となる。東京から新幹線と在来線を乗り継いで来た二人が笠岡駅に降り立つ場面や住吉港の旧桟橋の場面が撮影された。笠岡駅前は現在のロータリーが整備される以前の風景で、二人は駅東線路沿いの白壁の倉庫群の前を歩いてゆく。（写真10）そして笠岡の旅館に一泊したという設定で、翌朝は住吉港から真鍋島に向かうための船に乗ろうとする。

片岡千恵蔵主演作のリメイクとなった市川崑監督、石坂浩二主演版の『獄門島《とう》』（１９７７）では、映画が

写真10：渥美と勘九郎が前歩いた線路沿いの白壁の蔵
（2018 年 3 月撮影）

始まってすぐ「昭和二十一年」「岡山県笠岡市」という字幕が大きく出る。実際に一部笠岡ロケも行われ、金田一耕助が松葉杖をついた復員兵姿の男と出会う赤レンガ倉庫の場面や、港で了然和尚らと会話する場面などが西ノ浜地区で撮影されている。（写真11）

同じく横溝の原作を篠田正浩が監督した『悪霊島』（1981）でも笠岡ロケが行われ、住吉港の旧桟橋付近にパトカーが到着するシーンや、金田一耕助が港から下駄で歩いてゆくラストシーンなどが

写真11：石坂版『獄門島』のロケが行われた赤レンガの倉庫（2018年3月撮影）

撮影された。ただし原作では岡山県が舞台だったにもかかわらず、映画では広島県が舞台という設定に変更されたため、地元の人々にとっては矛盾した映像となっている。また旧桟橋の入口に見える『緋牡丹博徒　二代目襲名』（１９６９）のポスターは時代感を出すための小道具だろう。

片岡義男のバイク小説を原作とするアニメ映画『ボビーに首ったけ』（１９８５）では、主人公の文通相手である女子高生が笠岡の国道２号線が見えるあたりに住んでいるという設定で、ぼんやりとした風景ではあるが笠岡の場面が描かれていた。

井筒和幸監督の海上アクション映画『犬死にせしもの』（１９８６）では、真田広之や佐藤浩市が演じる海賊たちが、対立する幹部ヤクザの若い情婦に扮した今井美樹を誘拐するために笠岡の港へ行く。現地ロケは行われなかったが、戦後間もない時代の話という設定だから、三味線の聞こえる遊郭界隈は伏越地区が想定されているのだろう。

大林宣彦監督の『日本殉情伝　おかしなふたり　ものくるほしきひとびとの群』

（1988）の舞台は架空の「古い町」で、ロケは主に尾道で行われたが、店の看板などから一部が笠岡で撮影されていたことがわかる。

そして成島出監督の『草原の椅子』（2013）では、映画の後半に出てくる居酒屋のシーンが笠岡駅前にある栄清丸の店内で撮影されているものの、場面の設定は笠岡ではなく東京だった。本作については笠岡諸島編の白石島と飛島の項でも取り上げる。

また金映の前の通りで長門勇がロケをしていたという情報があるが、おそらく映画ではなく、NTV系放送のテレビドラマ『大将』（1970―71）だったと思われる。このドラマは隅田川付近でもロケが行われたようだ。

以上のような一般公開作品とは別に、笠岡各地の風景や名所、風俗、伝統行事、産業を記録した13分ほどのモノクロフィルムが『わが街、笠岡』というタイトルで笠岡市立図書館に保存されている。そこには第二部で概観する島々の風景も含まれており、冒頭の空撮などの技術、内容および編集も含めて本格的な映像だ。おそらく笠岡市が専門業者に依頼して製作したものと思われるが、どういう経緯でいつ撮影されたのかは不明だという。本作はDVDにもダビングされているが、ナレーションや音声は入っていない。

また1958年から1962年にかけて上映されていた岡山県の企画製作による「岡山県ニュース」のフィルムには『おしぐらんご』（1958）、『就職への近道 職業訓練所（井原・笠岡・岡山）』（1959）、『内海に観光漁船お目みえ』（1960）、『全市を花で にぎやかな花まつり』（1961）といった笠岡関連の映像が含まれている。

さらに山陽放送の岡山映像ライブラリーセンターにも1958年撮影のカブトガニ関連映像、1961年に撮影された「おしぐらんご」、1963―64年に撮影された「ひったか」など金浦地区の民俗行事の映像が保存されているほか、笠岡湾干拓についてもニュースや企画番組の映像などが数多く残されている。

1971年に廃線となった井笠鉄道関連では、山陽映画（現在のRSKプロビジョン）が列車の走行や車内の様子、駅や車窓の風景などを撮影した映像を保存しており、最後の記念運転の様子も含めて一部がインターネット上に公開されている。1999年完成の笠岡駅前土地区画整理事業の歩みをまとめた『あすへの街づくり 生活元気都市』は笠岡市が企画製作したものだ。

他にも笠岡湾干拓に関する映像など、笠岡市が手がけた記録映像がいくつか残されているようだが、保存や整理の状況は不明だ。また2010年の笠岡市内各地の盆踊りをまとめた『笠岡市内の伝統的な盆踊り』が財団法人地域創造の助成でDVDにまとめられている。

八　笠岡ゆかりの映画人

笠岡にゆかりのある映画人の中で、一般によく知られているのは監督の森谷司郎（1931―84）だろう。森谷は東京生まれだが台湾で敗戦を迎え、父の郷里・金光町に引き揚げた後、笠岡駅近くに移り住んだ。金光中学、岡山朝日高校を卒業して早稲田大学仏文科に進み、入社した東宝では黒澤明や成瀬巳喜男の助監督を務めている。

監督昇進第一作は加山雄三主演の『ゼロ・ファイター／大空戦』（1966）で、その後は加山と内藤洋子のコンビによる恋愛モノを担当し、続いて庄司薫や柴田翔、曽野綾子らの原作による青春ドラマを数多く手がけた。森谷にとって大きな転機となったのは、小松左京原作『日本沈没』（1973）の監督に起用されたことだ。

この映画は年間配給収入で邦画の第1位となる大ヒットを記録し、以後森谷は『八甲田山』（1977）、『動乱』（1980）などの大作を監督することになる。そして青函トンネル工事を描く高倉健主演の『海峡』（1982）では笠岡の神島で凱旋ロケを行い、地元で大きな注目を集めた。

森谷と同年代の大島渚（1932―2013）は松竹大船で監督となり、日本のヌーヴェルヴァーグを代表する存在として世界的な評価を受けてきた。大島は京都出身というイメージが強いが、「渚」という名前から推察できるように、実は幼少期を瀬戸内地方で過ごしている。大島の父・信夫は農林省の水産技師で、鯉の餌やガザミの研究などに取り組んでいた。

その父が笠岡の水産試験場の場長をしていた時に亡くなり、小学校1年生だった大島と妹は母に連れられて京都の祖父宅へ移り住んだ。大島が笠岡時代に住んでいた官舎を含む水産試験場は、現在のカブトガニ博物館がある場所で、当時の試験用プールが今も残っている。(写真12) 笠岡では2015年に地元のグループが妻で女優の小山明子を招いて大島の顕彰イベントを行

写真：12 大島渚が暮らした水産試験場時代からあるプール（2020 年 8 月撮影）

い、大島のドキュメンタリー作品が上映された。

松竹大船で大島の助監督を務めたこともある水川淳三（1935―）の実家は、国道2号線が走る笠岡港近くにあった。岡山朝日高校から東京大学英文科を経て松竹大船入りした水川は、大島作品の現場で大きな刺激を受けている。監督デビュー作は『おかあさんのばか』（1964）という、実話に基づく人情ドラマだった。水川は映画やテレビで青春ドラマを数多く手がけ、松本清張原作のサスペンスドラマや「必殺」シリーズの監督も務めている。もう一人、日活の監督だった馬越彦弥については、第二部の北木島の項で改めて取り上げる。

映画プロデューサーの藤井浩明（旧姓は清水、1927―2014）も笠岡の出身だ。藤井は戦前の笠岡商業学校から小樽高商（小樽経済専門学校、現在の小樽商科大学）に進む。その後早稲田大学文学部を卒業して大映に入社、企画部員となった。大映では企画部長や製作本部長を歴任し、名匠・増村保造監督や市川崑監督の作品などを担当している。

また藤井は三島由紀夫の原作を次々に映画化して本人に信頼され、三島自身の監督・主演による短編『憂国』（1966）の製作も引き受けた。大映を退社後は行動社の代表を務めて『ビルマの竪琴』（1985）など各社の映画をプロデュースしており、藤井が生涯に手がけた映画は200本を超える。

俳優では、笠岡で生まれ育った小笠原慶子（本名同じ、1937―）の名前をまず挙げねばならない。実家は市内西本町にあった文具店で、現在も当時の建物が看板とともに残っている。（写真13）

笠岡商工高校時代の小笠原は、いくつものサークルに参加していたようだが、本人は母校の60周年に回想を寄せて「中でも私に強く刺激を与えてくれたのが、映画演劇クラブに加入していたということである」と述べている。そこで受けた恩師の指導と演劇コンクールでの優勝体験が、後の彼女の進路に大きな影響を与えたようだ。

高校を出て上京した小笠原は、俳優座の養成期間を経て名匠・木下恵介監督の『楢山節考』（1958）に起用される。その年のキネマ旬報ベストテンで第一位になった作品だ。小笠原は田中絹代、高橋貞二、望月優子といった顔ぶれに囲まれながら、妊娠した若い妻・松やんを屈託なく演じた。

小笠原は主役を演じるタイプではなかったが、通りのよい声と堅実な演技でしばしば女中などの脇役を務めた。１９６０年代前半には東映作品に数多く出演し、その後はテレビドラマでも活躍している。また私生活では、宝塚映画などで照明を担当した丹羽淳と結婚した。

伊吹剛（本名は上山典昭、１９４９―）は小田郡小田町（現・矢掛町）出身だが、笠岡商業高校に進学して野球部に在籍し、甲子園をめざしていた。長身でハンサムな伊吹に憧れる女生徒は多かったようだ。高校卒業後は京

写真13：西本町にある小笠原慶子の実家
（2019 年 8 月撮影）

都の呉服卸会社に勤めた後、大映京都のニューフェイスに応募して採用となり、森一生監督の『忍びの衆』（1970）でデビューする。

しかし役に恵まれないまま大映が倒産し、日雇いで働きながら勝プロなどのちょい役をもらうという下積みの日々が続いた。そしてNHKの連続テレビ小説『火の国に』（1976―77）でチャンスをつかみ、TBS系の『Gメン75』（1975―82）では熱血刑事に扮してブレイクを果たす。以来、伊吹は大柄で骨太な存在感と迫力のある演技で、時代劇や刑事ドラマ、ヤクザ映画を中心に数え切れないほどの出演を重ねている。

笠岡市生江浜《おえはま》出身で福山の盈進《えいしん》高校を卒業した島田洋八（本名は藤井健次、1950―）は、1980年代の漫才ブームでお笑いコンビB&Bとして人気を得る一方で、テレビドラマや映画にも出演していた。主な出演映画には『真夜中のボクサー』（1983）や『鮫肌男と桃尻女』（1999）などがあり、2000年代以降はVシネマ系ヤクザ映画への出演も多い。

越路吹雪の『ろくでなし』を歌いながら豆を鼻息で飛ばすパフォーマンスで人

気を集めた梅垣義明については、第二部の神島の項で詳述する。またお笑いコンビ千鳥の二人も映画やテレビドラマに出演している。二人は笠岡商業高校出身の同級生で、大悟は北木島出身、ノブは井原市出身だ。大悟については北木島の項で改めて取り上げる。

第二部　笠岡諸島編

伏越港フェリー

一　神島《こうのしま》

神島外浦港

①工場操業による繁栄の時代

神島の面積は9・25平方キロメートルで周囲は16・44キロメートル、人口は2、458人(片島を含む)だ。四国八十八か所を模した神島八十八か所の霊場巡りでも知られ、かつては笠岡諸島の中で最大の面積と人口を持つ島であった。だが1966年に始まって1990年に竣工した国営の笠岡湾干拓事業によって、神島は属島の片島などとともに本土と地続きとなり、現在は半島になっている。

神島は北西側の神島内浦と南東側の神島外浦に分かれる。避暑地として海水浴のメッカでもあった外浦では、明治末期に大阪亜鉛鉱業の製錬工場が操業を開始し、以後化学工業の町として人口も急激に増えてにぎわいを見せた。伴芳子は『神島回顧』の中で「その頃の島の人口は二万以上と言われた」と述べ、「今神戸」と呼ばれた当時の繁栄ぶりを回想しているが、その中に娯楽をめぐるこんな記述がある。

「島の娯楽ものと言えば、田舎廻りの旅役者演ずる芝居位のものであった。

活動写真は笠岡で漸く試写しはじめたばかり、常設館も出来ていなかった。島では芝居小屋は立派なのが四つも出来ていたので、田舎芝居には不自由しなかったし、役者達にとっても神島は此の上ない興行地であった。（……）目先を変えて、活動写真と芝居をうまく組合せて、連鎖劇と言うものがもてはやされた時代もあった。（……）

鴨野座、妙見座、神島座の外、会社には会社の大劇場があって適時無料で開放していた。中でも、妙見座は（榎奥妙平さんの所有）桝席、臨官席、廻舞台、大花道、中店まで設備して、所謂お茶子さんも五、六人揃えていた」

島に4つも芝居小屋があったというのだから、外浦のにぎわいは相当なものだったことがわかる。政府の統計では神島（統計上高島、飛島、白石島を含む）の人口は1915年が8、123人、戦後の1947年が10、780人だが、様々な職業の労働者や浮遊層、霊場を巡る遍路の人々などが島に滞在したことを考えると、亜鉛製錬や人造肥料など外浦の工場が盛んだった時期には、「二万」という人口もあながち誇張とは言い切れない。

そして興味深いのは島で連鎖劇が行われていたことだ。連鎖劇というのは実演の芝居をやっている途中でスクリーンを下ろし、海や川、滝と行った自然風景、あるいは馬や自動車の疾走場面などをフィルム映写で見せ、ふたたびスクリーンを巻上げて実演芝居に戻るというものだ。映画の台頭に押された大衆演劇が対抗手段として導入した意味合いが強く、芝居と映画の両方が楽しめるということで一時は大流行した。

やがて連鎖劇は新鮮味を失い、またいい加減な興行や似たような内容が繰り返されるうちに次第に下火となったが、それでも地方回りの一座などによって1930年代半ばでは命脈《めいみゃく》を保ち、戦後も一時期復活したことがある。こうした連鎖劇が行われた芝居小屋では映画も上映されていた可能性が高い。

また伴は次のような回想も残している。

「亜鉛会社時代（黄金時代）の創立記念日の賑いは、盆と正月が一度に来たよりも尚華かなものだった。工場の劇場は勿論、昼夜開放されるし、広場では仮設スクリーンを張って、活動写真大会、手品師を招いて素人も加わり手品大会、力自慢には土俵を築いて、素人角力など豪華賞品が奮発された」

製錬工場が正式に閉鎖したのは1919年3月とされるため、伴の記述が正しければ神島では遅くとも1918年以前に催事興行としての映画が上映されていたことになろう。

一方、『ふるさとの想い出　写真集　明治　大正　昭和　笠岡』は、亜鉛精錬の全盛期の神島外浦には「映画・芝居の常設館があった」と記しているが、その館名や場所、時期については触れていない。また『神島史誌』には、活動写真は学校の校庭や公会堂で興行されていた、とあるが、残念ながらこれがいつの時代のことなのか説明が欠けている。

② 神映館

神島における戦後の映画興行については資料が見当たらず、十分な聴き取りも行えていないが、映画が大衆娯楽の中心だった時代には神島外浦にも映画館が存在していた。1961年版『笠岡商工名鑑』には神映館という映画館が見える。所在地は「神島外浦2929」で代表者は山本勲男だ。

山本は精米店や新聞配達所を手がける一方、神島外浦が村だった頃からの議員で、一時期は笠岡市議会の副議長にも就任していた。地元の公民館長を務めたこともあるようだが、映画館の経営を始めたのは1956年頃からで、上映は週に2、3日くらいのペースだった。上映がある日は町内放送のスピーカーから案内が流れた。

上映作品はほぼ週ごとに入れ替わり、フィルムは笠岡からバイクに載せて運んだ。おそらく笠岡のいずれかの映画館と提携していたのだろう。当時の神島はまだ本土とつながっておらず、横島との間にも神島大橋は架かっていなかった。そのためフィルムは最初の頃は手漕ぎの舟で、後にはフェリーで「瀬戸の渡し」を渡っていた。
神映館だった建物は現存しており、山本勲男のご家族を訪ねて案内してもらった。場所は外浦港から少し西へ歩いて道路から山側へ引っ込んだあたりだ。建物にはもぎり用の小窓もそのまま残っている。内部に入ると、映画館時代の舞台や地元商店の名前が染め抜かれた広告幕、映写室、トイレなどに当時の様子がうかがえる。（写真14－1と2と3）
入り口横の映写室は客室側がコンクリートに囲われ、小窓が4か所開けられている。営業していた頃の客席は長椅子で、両サイドに畳の席が設けられていたそうだ。また当初は2階に映写室があり、その両側にも畳席があったという。長椅子の一部や冬場に暖房として使われていたストーブも残っている。
館内には売店があって、上映日には外浦にあった商店のうちの2軒が交替で入り、菓子や飲み物を販売していた。石原裕次郎や小林旭の日活作品、山本富士子や京マチ子の大映作品が上映されていたという証言がある一方で、東宝の『青い山脈』（1949）や松竹の『君の名は』（1953）を神映館で観たという証言

写真14−1：神映館だった建物（2017年5月撮影）

写真14−2：神映館の入り口

写真14−3：もぎり用の小窓

もある。いわゆる名画座としての機能も果たしていたと言えるだろう。

料金は50円から80円くらいで、上映日には大人から子どもまで大勢の観客でにぎわっていたが、テレビが普及すると客足が遠のいた。『笠岡商工名鑑』などによれば、神映館は1963年頃までで営業を終えたと考えられる。1966年からは山本勲男が神島被服という会社を経営し、作業ズボンの縫製工場として使用していたそうだ。

この神映館は『山陽年鑑』の映画館リストや、全国の映画館をリストアップした『映画年鑑』の別冊『全国映画館総覧』などにも記載がなく、いわば公の映画館興行記録に表れないまま見落とされてきた幻の映画館と言えるだろう。1950年代末から60年代初頭にかけての映画黄金時代には、記録に残っていないこうした映画館が全国各地の郡部や離島に数多く存在していたことがわかっている。

ただしその建物が現存しているケースは少なく、また残っていても内部はスーパーマーケットや工場、倉庫、駐車場といった別な業態に改装されて原型をとどめないケースが多い。そうした中で神島外浦の神映館は、傷みがひどいとはいえ建物だけでなく映画館内部にも一部当時の状態が残されている。笠岡沿海域から映画館が消え、大規模な区画整理や再開発でその痕跡を探すことも難しくなった現在、神映館は地域史的な意義を持つ貴重な事例と言えるのではないか。

大きな街にある配給系統のはっきりした映画館ではなく、地域の人々の記憶にしか残っていないこうした幻の映画館こそが、映画の黄金時代を伝える大切な証人なのだ。なお、神島の映画館は外浦にしかなかったようだが、外浦にはもう一つ別な映画館が存在したという情報もあるため、今後改めて調査したい。

③高倉健の『海峡』ロケ

笠岡沿海域の項でも触れたように、神島では高倉健主演の東宝映画『海峡』（1982）のロケがワンシーンだけ行われている。これは津軽海峡を結ぶ青函トンネル工事に携わる国鉄の技師を中心とした人間ドラマだが、高倉扮するその技師の郷里が岡山という設定なのだ。

技師が久しぶりに帰った岡山の実家で、船の行き交う瀬戸内の海を見おろしながら、笠智衆演じる老父と語り合う場面がある。荒々しい北の津軽海峡とは対照的に波穏やかな海が印象的だが、この場面は神島外浦の高台にある日光寺で撮影されている。

ただし、1991年6月26日付『山陽新聞』夕刊に掲載された「シネマのふるさと　岡山あちこち②」によれば、高倉と笠がお茶とまんじゅうをはさんで縁側に座っている場面は日光寺ではなく、鎌倉で別撮りされているそうだ。本作を監督した森谷司郎は中学から高校2年までの多感な青春期を笠岡で過ごしており、瀬戸内海の美しい風景は当時の思い出と深く結びついていたことだろう。(写真15)

1981年10月21日付『山陽新聞』朝刊の「笠岡・井原圏版」によれば、前日の20日早朝に行われた日光寺ロケには、森谷監督や高倉健、笠智衆を含む総勢50人規模のスタッフが参加している。健さんをひと目見ようと、ロケには大勢の見物客が押し寄せたそうだ。今も神島や笠岡の人々にその記憶は残り、当時の話が

写真15：『海峡』のロケ地となった日光寺からの瀬戸内海風景（2017 年 5 月撮影）

伝えられている。ただし私が調査した範囲では、ロケ地の保存や案内板設置といった、地域の文化資源としての具体的な顕彰活動は行われていない。

神島でロケが行われた映画がもう一本ある。岡山県などが積極的にロケを誘致して資金協力した『釣りバカ日誌18 ハマちゃんスーさん 瀬戸の約束』（2007）でのことだ。ロケ場所は島の南西部の先端にある「なびっくLAND」付近で、海岸のリゾート開発に反対する人々が座り込みをする場面が撮影された。

なおこの作品には神島大字中村出身の梅垣義明（本名同じ、1959―）が、岡山のフィクサー・渋谷（小沢昭一）の秘書役で出演している。梅垣の実家は神島の理髪店で、中学と高校は金光学園に通っていた。高校を卒業した梅垣は京都産業大学に進むが中退し、上京後の1984年に「劇団WAHAHA本舗」の団員となった。

1980年代の終わり頃からピンク映画などに出演し始め、サトウトシキ監督『過激本番ショー 異常者たちの夜』（1990）では、本番ショーの風俗店経営者を演じている。また「難波金融伝 ミナミの帝王」シリーズでは、竹内力の舎弟として準レギュラーを務め、オカマのホステス・梅子という役だった。梅垣はそのいかつい容貌と特異な芸風を活かした個性的な脇役俳優として重宝され、今敏監督の劇場版アニメ『東京ゴッドファーザーズ』（２００３）では声優としてオカマのホームレス役を担当した。

二　高島《たかしま》

神島のすぐ南に位置する有人島が高島である。面積は1・05平方キロメートル、周囲は5・9キロメートルで、人口は75人という小さな島だ。神島外浦港から目の前に見える高島までは直線で約2キロ、連絡船に乗ればわずか5分しかからない。高島には宿泊施設はあるものの、飲み物の自動販売機があるだけで商店はないため、買い物は船で神島に渡り、必要ならそこから車で笠岡のスーパーまで行くという。神島外浦との航路は短いながら高島の人にとって必要不可欠な生活ラインだ。

もちろんこの小さな島に映画館があったことはなく、島の人は映画を観るために神島外浦や笠岡の映画館まで出かけた。また以前は高島の公民館でも映画の上映が行われていたようだが、それがどういう類いの巡回上映だったのかは確認できていない。純粋な商業的興行だったのか、あるいは社会啓蒙や教育の一環としての上映だったのか、またその内容や頻度がどうだったのかなど、今後改めて聴き取りや資料調査を行う必要がある。

ところでこの高島は、古事記や日本書紀に出てくる神武東征の高島行宮《あんぐう》が置かれた場所の比定地の一つとされている。島の東部に位置する神卜山《かみうらやま》には、1919年に建立された立派な高島行宮遺址碑がある。高島で映画のロケが行われた記録は確認できないものの、嵐寛寿郎が主演した新東宝映画『皇室と戦争とわが民族』（1960）の冒頭のナレーションには、神武天皇が「波穏やかな瀬戸内海を北上し、吉備の高島に上陸」とあり、映画の中で間接的にここ高島が登場したと言えなくもない。（写真16）

また神島の項で触れた『釣りバカ日誌18 ハマちゃんスーさん 瀬戸の約束』では、ハマちゃん（西田敏行）が地元の青年（高嶋政伸）とボートで釣りをする場面が高島沖で撮影された。なお

写真16：神卜山に建立されている高島行宮遺址碑
（2017年5月撮影）

山陽放送の岡山映像ライブラリーセンターには、テレビニュース用に撮影された『笠岡の高島小最後の卒業式』（１９８０）という貴重な映像が保存されている。

三　白石島《しらいしじま》

① 白映館

白石島は高島からさらに2キロほど南に位置し、笠岡の住吉港から旅客船で35分ほどかかる。面積は2・92平方キロメートルで周囲が10・1キロメートル、人口は436人で、島の南東側で間近に北木島と向かい合っている。夏には島の北西海岸に広がる砂浜が海水浴場としてにぎわい、旅館や民宿などが複数連なっている。また島には白石踊りという独特の盆踊りが伝えられ、国の重要無形民俗文化財に指定されている。

江戸時代に来日して長崎のオランダ商館にいたドイツ人医師ケンペル（ドイツ語では「ケンプファー」と読む）の『江戸参府旅行日記』には、オランダ商館長の江戸上りに随行して瀬戸内海を船で航行した際、この白石島に入港して泊まったと記されている。

実は先述の神島と同じく、白石島にもかつては映画館があった。1961年版『笠岡商工名鑑』には「白映館」という館名が記載され、所在地は「白石島610」で代表者は原田健治郎となっている。そしてこの映画館も当時の建物が現存している。場所は白石島の北部を占める中心集落の一角にある「あまのストア」の斜め向かいで、現在の住所表記も当時のままだ。

近所の人の話では、建物の中は倉庫になっているとのことだった。これまでの調査では原田のご家族に直接話を聞く機会に恵まれず、建物内部の様子は確認できていないが、建物外壁の北面上部には今も「白映」のマークがはっきり残っている。（写真17－1と2）

戦後の白石島では、公民館などの広場にスクリーンを張って巡回映画の興行が行われ、古い無声映画も上映されていた。野外だから風が吹けば幕が揺れ、映像がゆがんだ。こうした巡回上映で『ターザン』を観たことがあるという人もいるが、数あるターザン映画の中のどれだったかはわからない。当時の公民館は現在と同じ場所にあり、地元の人たちによる素人芝居の上演がにぎやかに行われた時期もあった。

時には旅回りの一座がやって来たそうだ。また白石島では4年に1度、正月に神社が神楽を招き、中心集落の南にある荒神さんで奉納されてきた。まさしく横溝正史が描いた『悪霊島』や『獄門島』の世界だが、同様の話はほかの島々でも耳にした。残念ながら2018年の神楽は荒神さんではなく、公民館で行われたと聞くが、かつては島の人々が自ら神楽を演じ、稚児の指導などもやっていたという。

そんな島に白映館ができたのは1955年頃のことらしい。当時を知る人たちに話を聞くと、映画館は東側で道路に面し、入り口は道路から見て右手にあった。中に入るとすぐ右が映写室で、スクリーンは左手の奥に張られていたという。土間だ

写真17−1：白映館の外観
電柱の横が入り口だった。（2017 年 5 月撮影）

写真17−2：屋根に残る「白映」のマーク

ったが長椅子が置かれ、スクリーンのところにはステージがあり、島の敬老会などで使うこともあったそうだ。

上映は毎日ではなく週に一日か二日だけで、しかも夜一回のみだった。夏場は暑さ対策と換気のためか映画館の窓が開けっぱなしにされ、狭い道路を挟んで向かいにあった家の窓からは上映中のスクリーンを覗くことができた。白映館は北木島にあった映画館との間で、郵便船を使って上映するフィルムのやり取りをしながら、1964年頃まで営業していたのではないかという。映画館が流す客入れの音楽は島中に響き、学校にまで聞こえてきた。

当時の白石島の人口は約2、500人で子どもの数も多く、現在からは考えられないほど活気にあふれ、島にもにぎわいがあった。従って映画館の興行も十分成立したのだろう。ただし白石島では生徒が映画を観ることは禁止され、親と一緒でもダメだったそうだ。観てもいいのは学校から引率されて行く時に限られていた。白映館で観た映画のタイトルとして「赤胴鈴之助」シリーズ（1957―58）、『十戒』（1956）、「少年探偵団」シリーズ（1956―59）などが挙がっている。

② 小説と映画

ところで白石島は、片岡義男が１９７７年に発表したオートバイ小説『彼のオートバイ、彼女の島』の中で、ヒロインのミーヨ（本名は白石美代子）の郷里として描かれた。小説の中では笠岡港からフェリーで島まで40分くらいかかり、彼女の母がかつて「白石小町」と呼ばれていたことや、島の反対側には石切り場があることなどが記されている。

これを映画化した大林宣彦監督の『彼のオートバイ、彼女の島』（１９８６）にも、主人公の橋本巧（竹内力）がバイクのツーリング先で出会ったミーヨ（原田貴和子）の郷里の島を訪れる場面がある。ただし映画では島の名前は明示されておらず、撮影も大林の故郷・尾道の沖に浮かぶ岩子島などで行われた。

けれども島の盆踊りでご詠歌に合わせて踊るという設定は、どことなく白石踊りを連想させるし、ミーヨの本名も原作小説と同じく「白石美代子」となっている。本作が白石島でも撮影されたとする記述が一部に見られるが、実際にロケが行われていたという証言は得られていない。また35年近く前の作品ということもあってか、白石島ではこの映画についての話はほとんど聞くことができなかった。

一方、2012年7月末には白石島で本格的な劇映画のロケが行われた。作品は笠岡沿海域編でも触れた『草原の椅子』（2013）で、宮本輝の小説が原作となっている。東京のカメラ会社に勤務する主人公・遠間（佐藤浩市）は、親友となったカメラ販売店社長・富樫（西村雅彦）の実家で休日を過ごすが、それが瀬戸内海の島という設定だった。島で暮らす富樫の父親は椅子職人で、一人一人に合った身障者用の椅子を丁寧に手作りしている。

島の具体的な名前は出てこないが、ロケは2015年まで就航していた三洋汽船のフェリー「しらいし」の船上や白石島の海水浴場に面した民家を使って行われ、主演の佐藤や西村が参加した。ロケが行われたのが最近のことでもあり、映画の内容やロケ地およびロケ当時の様子、来島した俳優については、島の多くの

人から話を聞くことができた。（写真18）

また北木島のところで詳しく述べる戦前の名作『小島の春』（1940）には「白砂島」という島が出てくるが、この島のモデルは白石島だと考えられる。そのほか記録映像では白石踊りの映像を中心に、芸能文化の紹介映像やニュース映像などに島の様子が比較的よく残されている。代表的なものとして「岡山県ニュース」の『島の盆おどり 白石島』（1958）を挙げておきたい。

写真18：白石島の夕陽
『草原の椅子』にも同じような夕陽が映っている。

四　北木島《きたぎしま》

① 金風呂地区の映画館

神島が本土と陸続きになって以後、笠岡諸島で最大の面積と人口を持つ島は北木島となった。島の面積は7・49平方キロメートルで周囲は18・3キロメートル、人口は727人となっている。北木島は島全体が花崗岩でできており、良質な御影石を産出・加工する石の島として知られてきた。靖国神社の大鳥居、日本銀行本店など、近代以降全国の著名な建築や建造物に北木島産の御影石が使用され、また墓石としても高い人気を誇ってきた。

1950年代の最盛期には丁場と呼ばれる採石場が島内に120か所以上あったとされるが、現在はわずか2か所となっている。こうした採石場跡は近年、産業遺跡・産業観光資産として島をめぐる観光ツアーのスポットにもなっている。

採石業が盛んだった1950年代後半の北木島の人口は6,000人を超えていたと言われ、1955年の国勢調査では人口5,889人となっている。島で話を聞くと、映画の黄金時代には北木島だけで4つもの映画館があったという。このうち光映劇［北木光映劇、光劇場、ひかり劇場、光映画劇場］は、現在も建物と内部がほぼそのまま残っている。場所は白石島と対面する島の北西部に位置する金風呂《かなふろ》地区だ。（写真19－1と2と3と4）

所在地は「北木島町８２０３」で、「光」という館名は経営者だった赤瀬光の名前に由来している。開業の時期ははっきりしないが、１９５５年に編集された１９５６年版『山陽年鑑』にはすでに同館の名前が記載されている。また１９６６年版『笠岡商工名鑑』には記載がないことから、１９６０年代前半には廃業したと推測される。

写真19−1：光映劇の建物正面
かなり前に改装されている。（2017 年 5 月撮影）

この映画館は2014年に実施された建物の修復再生プロジェクトによって往時の姿を取り戻し、島の歴史をまとめたドキュメンタリー作品がプロジェクター上映された。同年9月25日付の『朝日新聞』朝刊は、20代の頃に同館でフィルムを巻き戻す作業を手伝ったという男性の回想を次のように紹介している。

「上映は週に2日ほどで夜に2本立て。日中、スピーカーから流れる夜の上映作品の紹介を聞くだけで、わくわくしたという。光

写真19−2：「光」のマークがついた予告掲示板

写真19−3：映写室には当時の映写機がそのまま残っている。

劇場では、日活のアクション映画などを上映していた。（……）いつも満員で、映画を見ながら、みんなで大歓声を上げた。本当に楽しかった」

この男性は光映劇で小林旭の『ギターを持った渡り鳥』（1959）や赤木圭一郎のアクション作品を見たそうだ。

近所に住む赤瀬の縁者の方に話をうかがうと、赤瀬は裸一貫からのたたき上げで、醤油などを商って財を蓄え、映画館経営に乗り出したという。

写真19−4：開業当時の長椅子も残る館内の客席

1970年代初めから90年代半ばにかけては笠岡市議も務めていた。フィルムは笠岡から船で運び、上映はたいてい土・日のみで、全盛期には島中から観客が来て2階席まで満員になっていた。またその頃の光劇場では、客がポップコーンの代わりにフライビーンズを食べていたらしく、その殻が床に一杯捨てられていたとも聞く。

現在は建物の北側に新しい道路が走っているが、かつてのメインストリートは南側の細い道路の方だったので、光映劇の正面入り口も南向きだ。正面外観はかなり以前に赤瀬が修理したものらしいが、内部のステージや映写室、トイレ、客席の木製の椅子などはほぼ営業当時のままだ。開業当初は木製の長椅子が置かれ、後に今ある椅子に取り替えられたそうだ。

2015年には「光劇場復活友の会」が結成された。地域活性化の拠点としてこの映画館を利用する取り組みが行われ、北木石の歴史などの記録映像も上映されているが、継続的な映画上映には消防法の規制や耐震性、トイレの修復など課題も少なくない。

ところで光映劇から道路沿いに北東約80メートル歩いたところに、もう一つ屋根が高くて大きな建物がある。家の方に尋ねると、やはりかつてはOK劇場［港劇場、港映劇場］という映画館で、もともとは芝居小屋だったそうだ。内部はその後すっかり改装されており、当時の面影は残っていない。

『山陽年鑑』の1958年版には港映劇場という館名が見え、経営者は畦坪かねとなっている。1962年版には港劇場と表記され、続く翌1963年版ではOK劇場に変わり、経営者は畦坪かねで支配人に奥野健一［郎］の名

写真20：OK劇場だった建物の外観（2018年3月撮影）

前が出ている。（写真20）
奥野は畦坪かねの息子で、名前は「健一郎」が正しく、またそのイニシャルをとって館名をＯＫ劇場と改称したそうだ。上映する時には屋根の上に取り付けられたスピーカーから客入れの音楽を流すなど活気があったが、１９６３年頃には閉館している。

② 大浦地区の映画館

北木島の中心集落は、金風呂地区とは反対側の島の南東に位置する大浦地区だ。かつての大浦には倉敷や備後の府中、福山あたりから臨海学校の生徒や海水浴客が大勢訪れていた。この大浦地区には大福座という映画館があった。１９６１年版の『笠岡商工名鑑』によれば、所在地は「北木島町３２２０」で、経営者は河田桃太郎となっている。

大浦港の旅客船待合所から南東に50メートルほど行った場所に、「民宿多喜」という看板が残る大きな建物があり、そこが大福座の跡地だ。大福座がいつ開館したのかははっきりしないが、家族の方に話をうかがうと、河田は1955年頃から自分が経営する民宿多喜の2階大広間で映画興行を手がけていたらしい。料金は50円か60円程度で、後に競争が激しくなると20円くらいに値下げしたが、1963年頃には閉館したようだ。（写真21－1と2）

北木島は昔から歌舞伎などの地芝居が盛んな島だったらしく、戦後も青年団による芝居が行われ、時には笠岡や飛島まで公演に出かけていたという。大浦の港屋旅館や玉屋旅館の庭では、船の板で周りを囲って映画や芝居、浪曲、楽団などの興行が行われたし、町内で運営する公民館にスクリーンを張って映画が上映されたこともある。港屋の前にある公園がその公民館の跡地だ。

地元の人によれば舞台や固定椅子、映写室、映写機まで備えた立派な公民館だったそうで、当時の写真をみるとチケット窓口まである。もしかするとこれが光映劇、OK劇場、大福座とともに島にあったという4つめの映画館のことなのかも知れない。（写真22）（写真23）

また映画は島の北東側に位置する楠《くすのき》地区の小学校やいちの旅館でも上映され、

写真21−1：大福座跡の建物（2017 年 5 月撮影）

写真21−2：民宿多喜の看板が残る。

写真22：大浦地区にあった公民館（写真提供：天野秀範氏）

写真23：公民館跡は公園になっている。
（2018 年 3 月撮影）

いちの旅館は大福座とフィルムのやり取りをしていたという。さらに金風呂地区の北東に位置する豊浦地区では、今も利用される古い公会堂で映画上映が行われていたそうだ。

③ 幻に終わった北木島ロケ

北木島に関する映像も岡山映像ライブラリーに数多く残されている。1970年代後半からは採石場の様子が撮られているほか、北木島石切唄や旧暦3月3日の節句に行われる流し雛を撮影した映像も確認できる。またすでに述べたように、2014年には映像作家の吉川寿人が島の歴史をドキュメンタリーにまとめ、光映劇の建物を修復活用するプロジェクトの記録も撮影している。

一方、劇映画では篠田正浩監督の『瀬戸内少年野球団』（1984）のロケの一部が豊浦港や豊浦公会堂で行われ、同作の真鍋島ロケにはエキストラとして北木島の人々も参加している。また、笠岡沿海域編で取り上げた『友情』（1975）も、北木島の大浦地区にある天野屋旅館の前で一部が撮影された。

『友情』では、渥美清と中村勘九郎が泊まる旅館は笠岡の住吉港近くという設定だが、勘九郎はわざわざ「天野屋旅館」の手ぬぐいを欄干に干し、「あしたは僕はここから北木島へでも渡ろうと思ってるんです。宿の人もそこが一番いいって言いますし」と口にする。この二作については、メインロケ地となった真鍋島の項で改めて取り上げることにしたい。（写真24）

北木島を主な舞台、もしくは主要なロケ地として撮られた劇映画は見当たらないが、戦前には有名作のロ

写真24：笠岡の旅館という設定だが、その外観は北木島の天野屋旅館前で撮影された。（2018年3月撮影）

ケ話があった。豊田四郎監督が『小島の春』を撮る際、当初はロケ地として北木島が候補に挙がっていたのだ。

この映画の原作は、ハンセン病の在宅患者を訪問して長島愛生園に隔離収容する活動をした医師・小川正子が、自身の体験をつづったベストセラーのドキュメンタリー小説だ。小川の原作や八木保太郎による脚本では、島名や地名がぼかしてあるものの、物語の主な舞台となる「南島」は、明らかに北木島をモデルにしている。

そして『キネマ旬報』の714号には、豊田監督がカメラマンを伴って1940年4月上旬に「岡山県下北木島長島愛生園を中心に瀬戸内海、四国方面のロケハンを行った」とある。また同誌は715号で、豊田監督が5月10日より瀬戸内海ロケに出発する、と報じていた。

しかしながら同誌718号の続報によれば「豊田四郎は『小島の春』の瀬戸内海ロケに赴いたがロケ地の反対に遇い止むなく帰京」したという。1940年5月18日付の『合同新聞』はその間の事情を、「御影石の北木島 トーキー『小島の

春』のロケーションは御断り」という見出しで報じている。（写真25）

当時はまだハンセン病に対する誤解や偏見が強く、本作のロケ協力要請に対して北木島では村会などを開いて協議の上、拒絶の回答をしたというのだ。結局瀬戸内海では長島あたりの風景が撮影されたのみで、ロケは相模湾もしくは伊豆の西海岸で行われたらしい。けれども公開後の評価は非常に高く、1940年のキネマ旬報ベストテンで邦画部門の第1位となっている。（写真26）

ところで1938年に出版された小川の原作小説には、ハンセン病患者の施設収容を推進するために、訪れた島で16ミリの活動写真

御影石の北木島

"トーキー『小島の春』のロケーションは御断り"

写真25：「ロケお断り」を報じた記事
（1940年5月18日付の『合同新聞』）

写真26：映画『小島の春』の新聞広告
（1940 年 9 月 25 日付『合同新聞』）

を上映する場面が何度か出てくる。雨のために急遽上映場所を変更したり、電圧が低くて映写機のモーターが動かず手回ししたりと、苦労の連続だ。そして島の人々は、チャンバラなどの娯楽作品でなくても、めったに見られない活動写真を楽しみにして集まって来る。

その上映作品のタイトルとして『長島の子供』、『夢にみる母』、『愛生ニュース』などが挙げられている。戦前にはこうしたハンセン病関連のフィルムを含む衛生映画や啓蒙宣伝映画が、県などの主催で島を巡っていた。その時期や頻度、内容については、娯楽興行の有無とともに今後の調査課題だ。

また小川の小説本の口絵には、北木島の大浦小学校の写真が掲載されている。校庭で野外上映するために、教師と子どもたちが協力して大きなスクリーンを校舎の2階から吊り下げようとしている写真だ。おそらくそのスクリーンは時おり海からの風に揺れたことだろう。歌人でもあった小川は次のような短歌を詠んでいる。

スクリーンに絹江の顔の揺れてをり海を真正面の風出でて来つ

④ 北木島ゆかりの映画人

監督の馬越彦弥（本名は馬越安彦、１９３１―）は北木島の金風呂出身で、岡山朝日高校から慶応大学経済学部に進んでいる。沿海域編で紹介した森谷司郎とは高校の同期だった。１９５６年の大学卒業と同時に日活に入社し、助監督としてベテランの滝沢英輔監督についた。

１９６７年に監督昇進を果たし、芦川いずみ主演のＴＢＳ系連続ドラマ『志都という女』（１９６７）の演出を担当している。このドラマは尾道が舞台だったが、馬越はそのロケの一部を故郷の金風呂で行い、島の人がエキストラで出演したそうだ。

馬越は映画よりテレビドラマの監督として活躍した人で、１９７２年に日活を退社してフリーとなってからも『ゆうひが丘の総理大臣』（１９７８―７９）などを手がけ、アニメでは『はいからさんが通る』（1978─79）の演出を担当している。馬越監督のドラマに何度も出演した俳優の中村雅俊が、帰省中だった馬越を訪ねて金風呂に来ていたという情報もある。

漫才コンビ「千鳥」の大悟（本名は山本大悟、1980─）は北木島の南端にある丸岩の出身で、初出演の『漫才ギャング』（2011）から最新作『ひとよ』（2019）まで、少なくとも8本の映画出演が確認できる。岡山市を舞台にしたローカル映画『桃とキジ』（2017）ではヒロインを追い回す役だったが、ほかの作品でも強面な役柄が多い。また劇場版アニメ『僕のヒーローアカデミア THE MOVIE ～2人の英雄～』（2018）では相方のノブとともに「本人役」の声優も務めている。

五 真鍋島
まなべしま

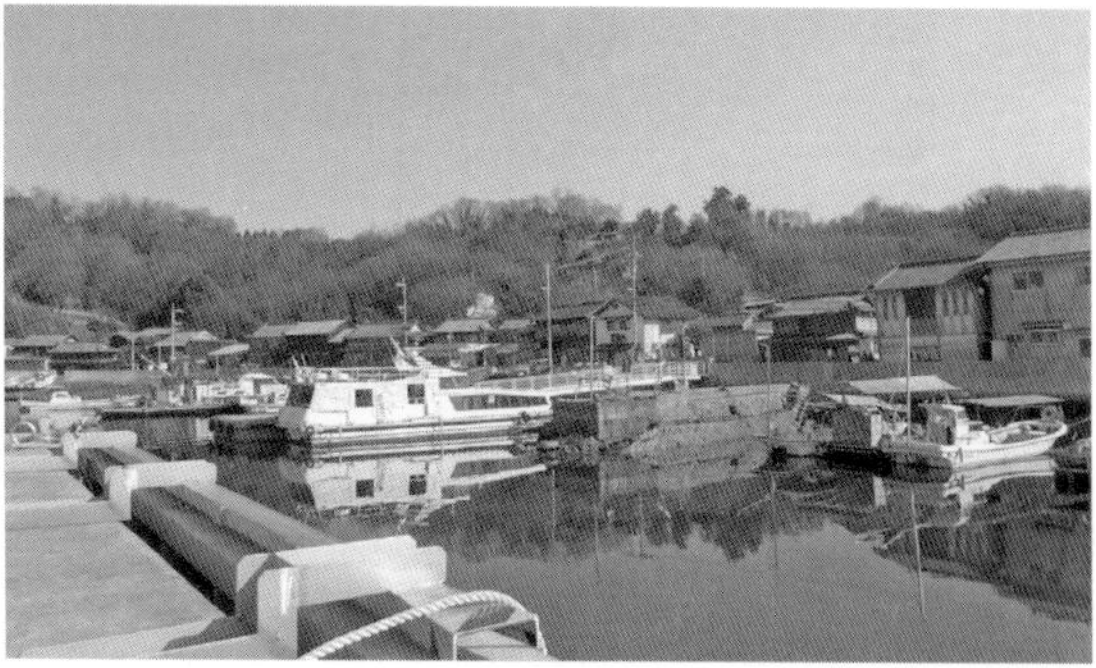

① 戦後の巡回映画

真鍋島は面積が1・48平方キロメートル、周囲は約7・6キロメートルで、人口は180人だ。本州の笠岡からも四国の多度津からもそれぞれ約20キロメートル（5里）の距離に位置している。島の東南側には海をはさんで香川県の佐柳島が浮かんでいるが、両島は古くから人の行き来があって関係が深い。

真鍋島は中世に一帯を支配した真鍋氏が居城を築いた島で、西行が訪れて歌に詠んだことでも知られている。真鍋氏はこの島を拠点に水軍を率い、近くの六島や北木島も私領とした。真鍋島は古い漁村の集落の姿をよく残していたことから、1978年に岡山県のふるさと村に指定された。島には岩坪と本浦という2つの集落があるが、歴史は岩坪の方が古く、現在の中心地である本浦は干拓地に形成された集落だ。

戦後の最盛期には都会からの引き揚げなどで人口が3,000人を超えていた真鍋島だが、島に映画館が作られたことはない。1950年代後半から60年代頃には、岩坪集落の浜で映画が巡回興行されていたという。料金は10円か20円くらいで、上映中によくフィルムが切れたそうだ。

本浦の公会堂（現在は「五里五里」というコミュニティ施設のある場所）でもときどき映画の興行があり、祭りの時などには芝居も行われていた。当時の公会堂は建物が狭かったため、室内では映写や芝居だけが行われ、客席はすべて屋外だった。皆が筵《むしろ》を持って場所取りをし、客席は板などで囲って興行したようだ。この公会堂が木造だった時代には回り舞台が設置されていたという。島の人による踊りや芸能もここで行われている。

ところで後述する六島では戦後、香川県の手島から「合木」という興行主が映画を持ってきて上映していたそうだ。この合木の妻は真鍋島の出身だったという情報がある。人のつながりや島の位置関係からして、真鍋島でも合木が巡回興行していた可能性が高いのではないか。また北木島に映画館があった時代には、真鍋島の人も北木島まで船で映画を観に行くことがあったようだ。後には笠岡本土に出て映画を観るほかなくなるが、よく行った映画館として西本町のセントラルや浜田の金映の名前を挙げる人が多かった。

②『瀬戸内少年野球団』の記憶

真鍋島の映像は比較的よく残っている。それは一つには、ふるさと村に指定された集落の佇まいや、島の八幡神社の神事として行われてきた笠岡市の重要無形民俗文化財「走り神輿」の勇壮な様子が、ニュース映像などで撮影の対象となってきたためだ。もう一つの大きな理由として、この島がしばしば映画やテレビドラマのロケ地となってきたことが挙げられよう。

中でもよく知られているのは、北木島のところで触れた『瀬戸内少年野球団』だ。敗戦直後の世相を背景に夏目雅子がヒロインの駒子先生を演じ、郷ひろみが戦争で片脚を失った夫に扮した。原作は作詞家の阿久悠による自伝的小説で、彼が生まれ育った淡路島が物語の舞台となっている。

この映画では本浦港を淡路島の港に見立て、復員兵や引き揚げの人々でにぎわう様子などが一部セットを組んで撮影された。また海の見える峠の花畑も真鍋島で撮影されているが、かつてこの島はマーガレットやキンセンカの栽培で知られる花の島でもあった。

　当時の本浦にあった久乃家旅館とその別館には、夏目や篠田監督・岩下志麻夫妻、カメラマンの宮川一夫を始めとするスタッフが宿泊したという。岩下志麻は記念撮影を頼まれると、肩を組むなどして気さくに応じていたそうだ。また子役たちは島の東海岸にある島宿三虎に宿泊したが、郷ひろみや島田紳助は島に泊まっていない。

　撮影は先乗りの美術班も含めるとひと月に及び、その間約50名のロケ隊が島に滞在した。ちょうど学校が夏休みに入った8月に撮影が行われたこともあって、久乃家旅館にはエキストラの募集を知った人から「ぜひ出たい」「うちの子を推薦してくれ」といった電話が相次ぎ、関係者でもないのに対応に追われた。ロケには島の内外から多くのエキストラが参加している。実際に参加した人によれば、日当は5、000円くらいで弁当が出たそうだ。

　島の人の案内で『瀬戸内少年野球団』のロケ地跡を辿ってみると、映画の中で戦争未亡人トメ（岩下志麻）が経営する理髪店およびバー「猫屋」という設定だった建物は、すでに取り壊され新しい平屋になっている。映画の初めあたりで三郎と竜太が走り回る墓地は当時のままだが、猫屋で使われた看板は別な民家の玄関わきに置かれていた。

港のセットに使われた「明淡汽船　阪神・徳島方面のりば」の看板は無造作に折り曲げられ、民家裏の空き地に放置されている。駒子先生が義弟の鉄夫（渡辺謙）に呼び止められる三差路の印象的ななまこ壁も、残念ながらすでに剥がれ落ちていた。今も本作のロケ地を訪ねて島に来る人はいるものの、若い世代の観光客はほとんど関心を示さないそうだ。（写真27）（写真28）

島のコミュニティ施設「五里五里」には、ロケ当時の写真パネルなどが展示してあるが、本作のロケ場所については島の誰もが知っているわけではない。鈴木保奈美が主演したフジテレビ系ドラマ版『瀬戸内少年野球団』（１９９３）との混同も含めて、いろいろな情報が錯綜して誤解も流布しており、ロケ地の保存や案内板の設置なども行われていない。

映画に出てくる山頂の岩の場所を確認するために、自ら藪の中を探して歩いた

写真27：港のセットに使われたフェリー乗り場の看板
（2018 年 2 月撮影）

写真28：三差路のなまこ壁は外壁が崩れ落ちている。
（2018 年 2 月撮影）

という島の人は、映画の撮影が行われていない場所が雑誌やインターネットでロケ地として紹介されていると指摘する。

たとえば映画に出てくる校舎は真鍋島のものではないし、港の駐在所やその横に建っている櫓はセットとして作られたものらしい。石組みの古い護岸が残る本浦港一帯を含めて当時の風景は失われつつあり、同時に人々の記憶からも薄れかけているのが実情だろう。

1998年には島の有志らが五里五里で映画『瀬戸内少年野球団』をスクリーン上映し、島の人々を喜ばせた。本作のロケが行われてからすでに35年以上が経つ。こうした上映会を定期的に開催してロケの記憶を掘り起こし、共有しながら伝えてゆくことも必要だろう。

③松竹映画『友情』のロケ

ところで、真鍋島でロケが行われた作品は『瀬戸内少年野球団』が最初ではない。島で聴き取りをしてみると、映画ではないが笠岡沿海域編でも触れた長門勇主演のテレビドラマ『大将』（１９７０—７１）の撮影が一番古いのではないかという。ロケには長門のほか野添ひとみや沢村貞子が参加し、やはり久乃家旅館に泊まっている。このドラマについては、長門が尻に蛸をひっつけて走る場面の撮影を観た、という証言も得られた。

また映画では、すでに笠岡沿海域や北木島のところでも触れた『友情』という作品がある。「男はつらいよ」シリーズなど、山田洋次監督の作品で脚本を数多く手がけていた宮崎晃が監督した作品だ。この映画では渥美清扮する源太郎の故郷が真鍋島という設定になっている。源太郎は元漁師だったが、魚が獲れなくなったために島を出て働き始めた。最初は妻子に仕送りしていたが、やがて本土の暮らしに紛れて連絡しなくなり、何年も前から仕送りも止めてしまっていた。

源太郎はダム工事の現場で勘九郎扮する三浦と知り合い、三浦と同棲相手（松坂慶子）の仲睦まじい様子を見て妻子に会いたくなる。ところが何年かぶりで島に帰ってみると、妻（佐々木愛）は源太郎の幼馴染と新たな所帯を持ち、子どもまでもうけていた――。

真鍋島ロケには渥美や勘九郎のほか、加藤嘉や佐々木愛が参加した。渥美と勘九郎が宿泊した久乃家旅館ではロケも行われ、入り口のガラス戸に別な旅館名を貼って撮影している。ロケはこのほかにも本浦港の桟橋や岩坪集落、八幡神社の階段下あたりなど島の各所で行われた。（写真29）（写真30）

源太郎の妻が抱いている赤ん坊は島の子で、後日別撮りをするために両親に連れられて上京したそうだ。また先に触れた北木島の天野屋旅館前の場面を撮る際には、赤ん坊の父親が船を出して勘九郎を北木島まで連れて行ったという。

以上のように『友情』は単にロケが行われたというだけではなく、内容的にも真鍋島に深く関わっており、加えて知名度の高い俳優が来島した作品だった。しかし『瀬戸内少年野球団』のような大規模かつ長期のロケではなかったためか、これまでまったくと言っていいほど取り上げられてこなかった。

一方、石坂浩二版『獄門島』（１９７７）のロケが真鍋島で行われたとする情報については、今回の調査でははっきりした資料や証言が得られなかった。もし

写真29：『友情』のロケがあった元・久乃家旅館の入口
（2018 年 3 月撮影）

写真30：この岩の周辺は『友情』のロケ当時とは大きく様変わりしている。（2018 年 3 月撮影）

かするとロケハンやテレビ版金田一シリーズなどのロケと混同が生じているのかも知れない。

ただし原作者の横溝正史は岡山で暮らした疎開時代に、真鍋島で教師をしていたことのある加藤一から島の風俗風習について話を聞いている。現地ロケの行われた六島が獄門島の地理的モデルだとすれば、真鍋島は獄門島の社会的モデルと言えるのではないか。

１９９０年代には萩原健一が主演した『渋滞』（１９９１）という映画で真鍋島ロケが行われている。これは正月休みに東京から車で真鍋島に帰省しようとする家族が、様々なトラブルに巻き込まれるという一種のロードムービーだ。ただし映画の中で真鍋島は四国の香川県という設定になり、一家は笠岡からではなくわざわざ瀬戸大橋を渡って丸亀から島へと向かう。

こうした地理関係の強引な変更が行われたのは、瀬戸大橋を渡る場面が撮りたかったためと推測されるが、それなら香川県でロケするか島の名前を架空のものにすればよい。島の実名を使いながら地理関係をねじ曲げるというのは、現地への配慮を欠いた作り手のわがままだろう。また本作は事前準備に時間をかけてスタッフも大勢来ていたそうだが、真鍋島でのロケは港の場面だけに終わっている。

2000年代に製作された『旅の贈りもの 0・00発』（2006）では、年齢や立場の異なる複数の男女が大阪駅から行先不明の不思議な列車に乗って「風町」という架空の港町にやって来る。そして町の人々のやさしさに触れ、それぞれが新しい出会いや心の安らぎを得るという物語だ。

風町のロケは主に広島県の大崎下島で行われているが、真鍋島でも本浦地区の路地の一部や築200年という古い民家の縁先などで撮影が行われた。また『瀬戸内少年野球団』に続いて、この映画にも大滝秀治が出演しており、彼が演じた老郵便局長のモデルは真鍋島の人だという。（写真31）（写真32）

このほか古いニュースフィルムとしては、「岡山県ニュース」の『春をよぶ島 ―真鍋島―』（1961）がある。また2000年11月23日に放送された山陽放送『イブニングニュース』内の「特集　映画の街　映画のロケ地真鍋島」も貴重だ。この番組では久乃家の主人がインタビューを受け、自ら撮影したロケのビデオ映像や助監督が使った台本を紹介しながら、『瀬戸内少年野球団』でにぎわった当時の様子を回想している。

写真31：『旅の贈りもの―』のロケがあった本浦の路地
（2018 年 2 月撮影）

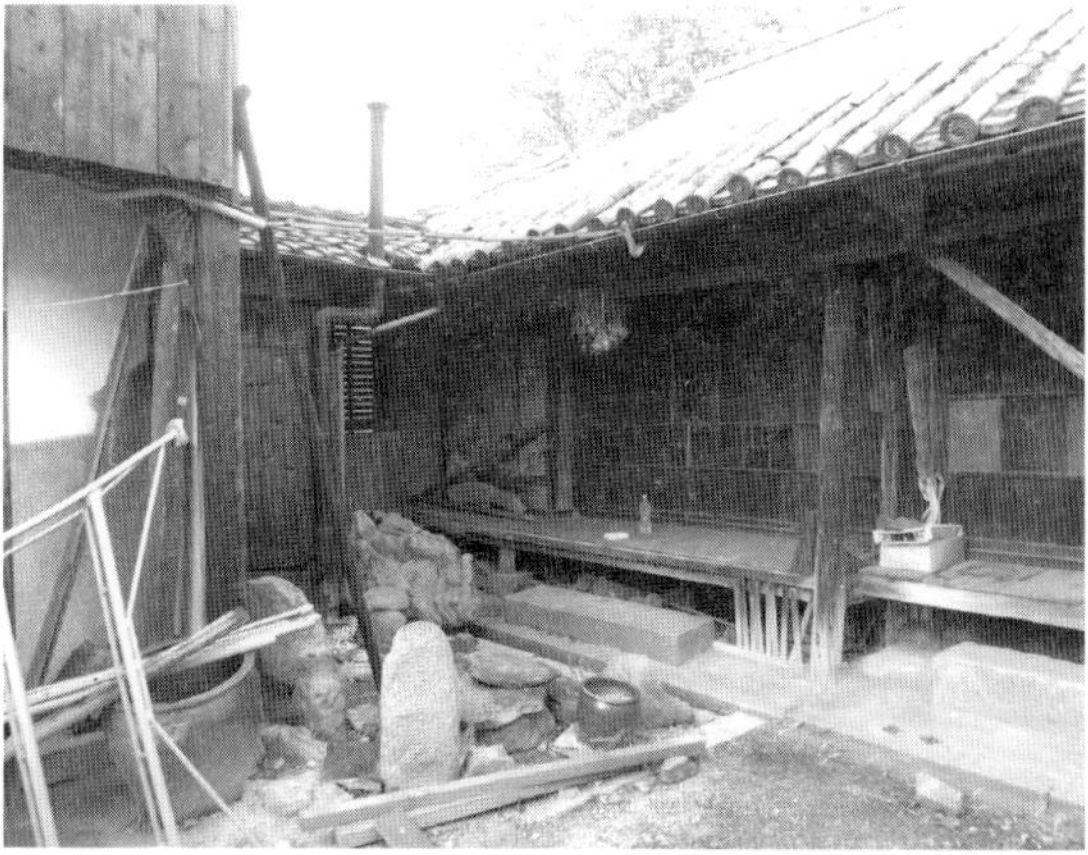

写真32：『旅の贈りもの―』の撮影に使われた築 200 年という久乃家の旧本宅（2018 年 2 月撮影）

六　飛島《ひしま》

飛島は北木島から南西に約4キロの位置にあり、大飛島《おおびしま》と小飛島《こびしま》で一対となる2つの島の総称だ。上空から見ると、ちょうどひらがなの「い」の字に似た形で備後灘に浮かんでいる。かつては干潮時に大飛島の州ノ本の浜から小飛島に向かって砂州が長く伸びていたが、現在ではほとんど見られなくなっている。この砂州のつけ根付近では奈良時代から平安時代にかけて祭祀が行われており、その遺跡からの出土品は一部が国の重要文化財に指定されている。

面積と周囲は大飛島がそれぞれ1・05平方キロメートルと5・5キロメートル、小飛島がそれぞれ0・3平方キロメートルと2・8キロメートル、人口は両島合わせて88人となっている。飛島地区は高齢化率が笠岡諸島でも一番高く、子どものいる家が笠岡へ転居して以来、学校も幼稚園も閉鎖されているという。もちろん飛島には映画館はなかったが、この島にもかつては映画の巡回興行が船でやってきて、白い幕を張った学校のグラウンドで夜を待って上映が行われていたそうだ。

学校は大飛島の東側にある洲港のすぐそばにあり、昔から決まってその場所で上映され、向かいの小飛島も含めた島中から観客が集まった。後には学校の教室で上映が行われたこともあるという。また1950年代の終わり頃には、学校から先生に引率されて笠岡本土へ映画を観に行くこともあったようだ。笠岡で記憶に残っている映画館として、島の人は笠神社の北にあった金映の名前を挙げた。笠岡の映画館がなくなってからは、映画を観るために福山まで行かなくてはならない、と嘆く人もいた。

白石島のところで触れた映画『草原の椅子』は、この大飛島でもワンシーンだけ撮影が行われている。映画の前半で、海の見える草むらのような場所に身障者用の椅子が一つ置かれた写真が出てくる。カメラ販売店社長・富樫（西村雅彦）の店の壁に飾ってある写真だ。それを見ていた主人公の遠間（佐藤浩市）は、富樫に誘われて彼の実家のある瀬戸内海の島へ遊びに行った時、一緒に写真の場所へ出かける。

富樫によれば、それは父親の新しい家のために買っておいた土地だった。こんな狭い場所でも撮り方や人の感覚で広い草原のように見える、というわけだ。遠間や富樫の一行が映画の後半で訪れるパキスタンの草原へとつながる重要なポイントになっている。
撮影されたのは大飛島の南西側あたりで、ちょうど正面に福山市の宇治島が見える場所だ。現場は何の変哲もない草地だが、この場所が映画ロケ地として記録もしくは保存されようとしている様子はうかがえなかった。（写真33）
また岡山映像ライブラリーセンターには、青い鳥号による飛島での巡回診察を撮影した1963年の映像や、同じ年に撮影された地曳網をする島の子どもたちの映像が保存されている。

写真33：『草原の椅子』の撮影が行われた草地
（2017年5月撮影）

七

六島《むしま》

①船による巡回興行

笠岡をめぐるシネマ紀行で最後に取り上げるのは六島だ。備後灘と燧灘の境に浮かぶ六島は笠岡諸島の南端に位置し、同時に岡山県の最南端域でもある。古くから真鍋島と関係が深く、かつては真鍋島村の一部を形成していた。笠岡港からは20キロメートル以上離れており、むしろ四国側との距離の方が近い。六島から香川県三豊市の荘内半島先端まではわずか4・5キロメートルほどなのだ。

六島沖は瀬戸内海を行き交う大型船の主要航路となっているが、昔から海難事故が多く、1922年に岡山県下で最初の灯台がこの島に建てられた。灯台は1984年の改築で自動化されて現在に至り、群生する水仙とともに島のシンボルとなっている。面積が1・02平方キロメートル、周囲は約4・3キロメートルという小さな島で、人口は57人だ。集落は2つあって、それぞれ島の東側にある前浦港と北側にある湛江港の周囲に形成されている。

島の人と話をしていて気がつくのは、同じ笠岡諸島でも他の島が基本的には岡山弁なのに対し、六島には関西弁の人が多いということだ。真鍋島でも一部関西風のイントネーションが聞かれるが、六島はその傾向がもっとはっきりしている。島の活性化事業に携わっている人の話によれば、六島の人の多くが一度は関西方面に出ていた経験を持つという。

島には土地が少なく、家を継ぐ長男以外は島を出て行かざるを得ないという事情があり、その時にはやはり島出身者同士の縁故や知り合いを頼ることが多い。自ずと六島出身者のコミュニティのようなものが生れ、大阪市の西九条や弁天町あたりに六島出身者が多く暮らしていたと聞く。

また、かつては六島から四国の多度津に渡る航路があった。光栄丸という船を所有している人が島にいて、毎日多度津まで往復する航路を運営していたのだ。だから買い物などでは笠岡よりも多度津へ行くことが多かったそうだ。島で話を聞くと、自分たちは子どもの頃で経験がないが、おそらく大人たちは映画も多度津で観ていたのではないかと言う。

当時は関西汽船による阪神―多度津間の航路が運航されていたため、多度津からそのまま船を乗り換えて関西へ行くこともできた。関西汽船が高松までしか運航しなくなってからは、六島の人たちも笠岡に渡って山陽本線で関西へ出かけるようになった。

一方、笠岡からは船で服などを売りに来たし、時には物々交換のような取引も行われていたそうだ。ただし航路としての船便は真鍋島からの一日一往復しかなかったため、島の学校に勤める先生は笠岡からは通えず、前浦の教師用寄宿舎で暮らさざるを得なかった。1950年代半ばから島の小学校に通っていた人によれば、最初は1クラス22人いたのに、途中で一人抜け二人抜けして、中学校を卒業する頃にはクラスに10人しかいなかったという。

島の娯楽としては4年に一度神楽の社中がやってきた。また1950年代の終わり頃には、毎月のように巡回映画が興行に来て、モノクロの時代劇などを上映していた。興行主は自分の船で島々を回っていたらしい。真鍋島の項で述べたように、こうした中の一人が手島の合木という興行主だったのだろう。上映場所は前浦港近くの公民館が多かった。当時は妙音院の建物が現在よりもう少し小さくて、その横に公民館があったそうだ。

公民館以外では、学校の運動場や浜などの野外で巡回映画の上映が行われることもあった。木戸銭を受け取る手伝いをしたことがあるという人によれば、大人50円、小人30円ぐらいだったという。また島の北側に位置する湛江港の集落でも年に何回か映画や芝居の興行が行われ、丸太を立てた筵がけの小屋に島中の人が集まった。

② 『獄門島』の六島ロケ

六島は名探偵・金田一耕助が活躍する横溝正史の探偵小説『獄門島』の舞台と推定されてきた。横溝の小説は次のように始まる。

「備中笠岡から南へ七里、瀬戸内海のほぼなかほど、そこはちょうど岡山県と広島県と香川県の、三つの県の境にあたっているが、そこに周囲二里ばかりの小島があり、その名を獄門島とよぶ」

金田一の乗った連絡船は、笠岡の港を出てから神島、白石島、北木島、真鍋島を経て獄門島へと至る。もちろん獄門島の歴史背景やそこで起きる事件は横溝による創作なのだが、獄門島の地理的なモデルが六島であることは明らかだろう。

この小説を最初に映画化した片岡千恵蔵主演の『獄門島』（１９４９）では、島が笠岡署の管轄という設定になっているものの、ロケ自体は香川県の小豆島や女木島で行われたようだ。一方、そのリメイク版となった市川崑監督、石坂浩二主演の『獄門島』では六島ロケが行われ、石坂のほかにも、大原麗子、ピーター、加藤武といった主要な出演者が島を訪れている。

市川監督は事前に十分な調査をした上で六島をロケ地に選んでおり、セスナ機で瀬戸内海の島々を上空からロケハンしたという情報もある。ロケでは金田一と釣り鐘を乗せた船が前浦港に到着する場面、家裏の空き地で早苗（大原麗子）が金田一に「連れ出して欲しい」とつぶやく場面、最後に金田一が港で見送られる場面などが撮影された。またロケ中に島で葬儀があり、スタッフが昔ながらのその様子を撮影したいと申し入れたが断られたという。

前浦港で取材した漁師の方からは、船から桟橋に上がる時に怖がる大原麗子の手を引いてあげた話やピーターが撮影中に自分でてんぷらを揚げていたというエピソードをうかがうことができた。ただし当時の島は、あまりロケ隊を歓迎する雰囲気ではなかったとも聞いた。

また１９９０年10月13日付の『山陽新聞』夕刊の「シネマのふるさと　横溝正史の世界②」によれば、この映画の撮影に際しては島のイメージ悪化を懸念する声があったそうだ。加えて撮影用の棺桶がえびす様の祠の前に放置されていたことが、一部島民の反発を招いている。

本作はヒット作として一般によく知られた映画であり、まだ当時を知る人が島にいるため、ロケについての情報や記憶は比較的きちんと受け継がれている。島の小学生たちの親が幼い頃にちらっと映画に映ったという話も聞くことができた。だが年月とともに港の周辺は様子が変わり、映っていた商店も姿を消し、島の家並みからはかつての面影が失われつつある。撮影当時の船着き場の古い階段も、現在の連絡船の発着場とは違っており、場所と写真を正確に記録して保存し

なければ、いずれロケ場所の特定も難しくなるだろう。（写真34－1と2）

六島では石坂版『獄門島』以外にも、笠岡の項で触れた井筒和幸監督の『犬死にせしもの』（1986）が一部ロケされている。原作は香川県男木島出身の西村望が、戦後間もない瀬戸内海を舞台に書いた海洋アクション小説だ。悲惨なビルマ戦線で九死に一生を得て帰還した漁師・重左（真田広之）は、戦友の鬼庄（佐藤浩市）の誘いで海賊に加わった。ところが身売り同然の嫁入りに向かう戦争未亡人・洋子（安田成美）をさらったことから、瀬戸内海を仕切る巨大なヤクザ組織に戦いを挑むことになる。

本作では常石、丸亀、牛島、牛窓など瀬戸内海各地で長期ロケが行われており、六島でもロケがあったそうだ。撮影は六島灯台の下あたりで行われ、島の子どもたちがみすぼらしい格好をさせられて出演したという。これは映画の前半で、真田広之が子どもたちとかくれんぼをする場面だ。（写真35）

また未確認ながら、香川県の佐柳島でロケされた関川秀雄監督の『あの空の果てに星はまたたく』（1962）に六島の島影が映っている、という情報がある。

写真34−1：金田一を乗せた船が到着した前浦港
（2017 年 5 月撮影）

写真34−2：撮影時の古い階段も残る（拡大）。

写真35：『犬死にせしもの』の撮影があった灯台付近からの眺め（2017 年 5 月撮影）

ニュース映像では１９６７年に起きた六島沖の船舶あて逃げ事件や、１９８０年の六島中学校閉校のフィルムが岡山映像ライブラリーセンターに保存されている。

あとがき

やむを得ないことだが、映画や芝居といった大衆娯楽の歴史は、一般に公の地域史や文化史では無視されるか、取り上げられるとしてもわずかな行数が割かれるにすぎない。笠岡と映画の関わりを探った本書の試みが、そうした公のいわば「正史」を多少なりとも補うことに貢献できれば幸いである。

また笠岡沿海域は中心部の区画整理や干拓で街並や風景が大きく変わっているだけに、古い映画館の写真やロケ風景、家庭に眠っている8ミリフィルムなどが見つかれば、地域の近現代史にとって大切な資料となる。笠岡ゆかりの映画人のエピソードやスナップ写真なども含めて、この出版が新たな資料発掘のきっかけになればとも願っている。

本書をまとめるにあたっては笠岡沿海域、笠岡諸島およびそれ以外の地域も含めて多くの方々のご協力をいただいた。皆さんから当時の記憶や体験談、地域の歴史などさまざまなお話をうかがい、また貴重な写真や資料、情報の提供を受けた。筆者の突然の電話や訪問にもかかわらず、快く質問にお答えいただいただけでなく、さらに詳しいお話の聞けそうな方を紹介して下さった方もいれば、忙しい時間を割いてわざわざロケ地や映画にゆかりのある場所を案内して下さった方もいる。

お世話になった施設や機関も含めて個々のお名前を挙げることは控えさせていただくが、皆さんの協力無しに本書の執筆は不可能だった。心からお礼を申し上げたい。今後も調査の内容を深め、間違いや不正確さを正すべく取り組みたいと考えているので、引き続きご指摘とご協力を賜りたい。

２０２０年10月　世良　利和

主な参考資料

『悪霊島（上・下）』横溝正史　1996　角川文庫
『朝日新聞』朝日新聞社
『犬死にせしもの』西村望　1986　徳間文庫
『井原市史』2001―05 井原市
『映画年鑑』時事通信社
『江戸参府旅行日記』ケンペル著／斎藤信訳　1979　東洋文庫
『岡山県史』1983―91　岡山県
『岡山県大百科事典（上・下）』1980　山陽新聞社
『岡山県歴史人物事典』1994　山陽新聞社
『岡山孤児院新報』（編集復刻版全五巻）菊地義昭・細井勇編　2014　六花出版
『幻灯からトーキーまで』岡長平（『岡山市史 美術・映画編』1962　岡山市 所収）

『岡山人じゃが2』岡山ペンクラブ編　2005　吉備人出版
『岡山日日新聞（夕刊岡山）』岡山日日新聞社
『岡山の映画』松田完一　1983　岡山文庫
『岡山の島』巌津政右衛門　1978　岡山文庫
『会報六十周年記念号』1961　吸江会
『笠岡界隈ぶらり散策』ぶらり笠岡友の会　2009　岡山文庫
『笠岡市街略図 付商工業家案内』1923　中央地理研究会
『笠岡市史』1983―2004　笠岡市
『笠岡商工案内』1932　笠岡商工協会
『笠岡商工名鑑』笠岡市
『笠岡諸島ぶらり散策』NPO法人かさおか島づくり海社　2008　岡山文庫
『笠岡の町地図1・2』広沢澄郎編著　2009
『語り継ぐ金浦』2009　金浦公民館
『金浦町沿革史』笠原敏二　1951

『消えた映画館を探して』鷹取洋二　2020　吉備人出版
『キネマ旬報』キネマ旬報社
『金田一耕助映像読本』2014　洋泉社
『芸備日日新聞』芸備日日新聞社
『原色　日本島図鑑』加藤庸二　2013　新星出版
『合同新聞』合同新聞社
『合同年鑑』合同新聞社
『神島回顧／同（続）』伴芳子　1981／1984
『神島史誌』広沢澄郎編　1985　神島協議会
『獄門島』横溝正史　2002　角川文庫
『小島の春―ある女医の手記―（新装版）』小川正子　2003　長崎出版
『今昔写真集　笠岡今はむかし物語』2013　この指とまれネットワーク委員会
『山陽年鑑』山陽新聞社

『山陽新聞』山陽新聞社
『山陽新報』山陽新報社
『島と海の映画史 笠岡沿海域および笠岡諸島編』世良利和 2018 蜻文庫
『島の博物事典』加藤庸二 2015 成山堂書店
『頗る非常！怪人活弁士・駒田好洋の巡業奇聞』前川公美夫 2008 新潮社
『青春について』大島渚 1975 読売新聞社
『瀬戸内シネマ散歩Ⅰ・Ⅱ・Ⅲ』鷹取洋二 2009－17 吉備人出版
『ゼンリンの住宅地図 笠岡市』ゼンリン
『中国新聞』中国新聞社
『日本映画』大日本映画協会（ゆまに書房復刻版 2002－03）
『日本映画監督全集（キネマ旬報増刊）』1976 キネマ旬報社
『日本映画事業総覧（国際映画年鑑）』国際映画通信社
『日本映画人名事典（男優編・女優編・監督編）』1995－97 キネマ旬報社
『日本映画年鑑』朝日新聞社

『日本映画年鑑』大同社
『日本映画俳優全集（男優編・女優編）』1979—80　キネマ旬報社
『ふるさとの想い出　写真集　明治 大正 昭和 笠岡』田中瞬治編　1981
国書刊行会
『読売新聞』読売新聞社
『琉球新報』琉球新報社
『わが半生記』木山捷平　1969　永田書房
岡山県ホームページ
笠岡市ホームページ
総務省統計局ホームページ

著者略歴

世良利和（せら・としかず）
1957年島根県大社町生まれ。岡山市在住。
岡山県立津山高校から金沢大学文学部を経て、岡山大学大学院独文学専攻課程修了。博士（芸術学）。
福山大学専任講師、（株）ケーアイツー取締役を務めた後、フリーのライター＆編集者として主に映画史研究や映画批評を手がける。著作に「その映画に墓はない」「沖縄劇映画大全」「まぁ映画な、岡山じゃ県①〜③」（いしいひさいち共著）などがある。

岡山文庫 320 笠岡シネマ風土記

令和2年（2020）年10月19日　初版発行

著　者　世　良　利　和
発行者　黒　田　　節
印刷所　株式会社三門印刷所

発行所　岡山市北区伊島町一丁目4－23 **日本文教出版株式会社**
電話岡山（086）252-3175（代）振替 01210-5-4180（〒700-0016）
http://www.n-bun.com/

ISBN978-4-8212-5320-3

● 岡山県の百科事典

二百万人の **岡山文庫**

○数字は品切れ

1. 岡山の植物・西原礼之助
2. 岡山の祭と踊・神野力
(3.) 岡山の焼物・桂又三郎
(4.) 岡山の古墳・鎌木義昌
5. 岡山の民家・鶴藤鹿忠
6. 岡山の文学碑・山本遺太郎
7. 岡山の仏たち・脇田秀太郎
8. 岡山の動物・松本邦夫
9. 岡山の鳥・杉鮫太郎
10. 大原美術館・藤田慎一郎
11. 岡山後楽園・宗定克則・杉鮫太郎
12. 岡山歳時記・吉岡三平
13. 岡山の建築・巌津政右衛門
(14.) 瀬戸内海・緑川洋一
15. 岡山の民芸・外村吉之介
(16.) 吉備路・神野力
17. 岡山の魚・青木五郎
18. 岡山の昆虫・倉敷昆虫同好会
19. 岡山の城と城址・藤井駿・市川俊介
(20.) 岡山の果物・三宅忠一
21. 岡山の風物・岡山県広報協会
22. 吉備の女性・吉岡三平
(23.) 岡山の伝説・立石憲利
24. 岡山の酒・小出巌・西原礼之助
(25.) 岡山の街道・山陽新聞社
(26.) 岡山の絵画・脇田秀太郎・巌津政右衛門
(27.) 水島臨海工業地帯・平方与平
(28.) 岡山の旅・岡山県観光連盟
29. 蒜山高原・二若・富国・徳山
30. 岡山の歌謡・英玲二
(31.) 岡山の遺跡めぐり・間壁忠彦・葭子
(32.) 備前焼・小山冨士夫・藤原雄・中村昭夫
33. 岡山文学風土記・大岩徳二
(34.) 美作路・小山健三
35. 岡山の俳句・塩尻青笳・島津青沙
36. 岡山音楽夜話・保田太郎
37. 閑谷学校・巌津政右衛門・坂本一夫
38. 岡山の川柳・弓削川柳社
39. 岡山の民話・岡山民話の会
(40.) 岡山の刀剣・小林種次
41. 岡山の短歌・杉鮫太郎・藤原幾太
42. 岡山の医学・中山沃
43. 岡山の蘭草・鈴木尚夫・中村昭夫
(44.) 岡山の人物・黒崎秀明
(45.) 岡山の駅・難波数丸
46. 岡山の現代詩・坂本明子
47. 岡山の交通・藤沢晋
(48.) 岡山の教育・秋山和夫
(49.) 備中神楽・山根堅一・坂本一夫
50. 岡山の民具・鶴藤鹿忠
(51.) 岡山の宗教・長光徳和
52. 吉備津神社・藤井駿・坂本一夫
53. 岡山の貨幣・原三正
(54.) 岡山の古戦場・多和和彦
55. 岡山の石造美術・巌津政右衛門
(56.) 岡山の方言・十河直樹
57. 岡山の歴史・柴田一
58. 岡山事物起源・吉岡三平
(59.) 高梁川・宗田克巳
(60.) 岡山の干拓・吉岡三平・進昌三
61. 岡山の電信電話・萩野秀
62. 吉備高原・宗田克巳
63. 岡山のおもちゃ・吉永義光
64. 吉井川・宗田克巳
65. 岡山の港・巌津政右衛門
66. 岡山の絵馬と扁額・脇田秀太郎
(67.) 旭川・宗田克巳
68. 岡山の温泉・石井猛・圓堂稔
69. 岡山の県政史・蓬郷巌
70. 岡山の道しるべ・巌津政右衛門
71. 岡山の笑い話・稲田浩二・和子
72. 美作の歌舞伎芝居・二宮朔山
(73.) 岡山の民間信仰・三浦秀宥
(74.) 岡山の奇人変人・蓬郷巌
75. 岡山の食習俗・鶴藤鹿忠
76. 岡山の明治洋風建築・中力昭
77. 山陽路の地理散歩・宗田克巳
(78.) 岡山の風俗・蓬郷巌
79. 岡山の海藻・大森長朗
(80.) 岡山の書・佐藤英夫
81. 岡山浮世噺・岡長平
82. 岡山の神社仏閣・市川俊介
83. 中国山地・三浦秀宥・竹内平吉郎
(84.) 岡山の島・巌津政右衛門
85. 岡山の山と峠・宗田克巳
86. 吉備の石ぶみ・井上雄風
(87.) 岡山の怪談・佐藤米司
88. 岡山の自然公園・山陽カメラクラブ
89. 岡山の漁業・西川太
90. 岡山の天文気象・石田五郎・佐橋謙
91. 岡山の郵便・萩野秀
(92.) 岡山の鉱物・沼野忠之
93. 岡山のふるさと村・巌津政右衛門
94. 岡山の経済散歩・吉永義光
95. 岡山の庭・山本利幸・前田勝也
96. 岡山の匠・浅原健
97. 岡山の童うたと遊び・立石憲利
98. 岡山の衣服・福尾美夜
(99.) 岡山の民俗・土井卓治・佐藤米司・鶴藤鹿忠
(100.) 岡山の樹木・西原礼之助・古屋野寛

101. 岡山と朝鮮・西川　宏
102. 岡山の和紙・臼井英治
103. 岡山の艶笑譚・立石憲利
104. 岡山の文学アルバム・山本遺太郎
105. 岡山の映画・松田完一
106. 岡山の石仏・巌津政右衛門
107. 岡山の橋・宗田克巳
108. 岡山のエスペラント・岡　一太
109. 岡山の狂歌・蓬郷　巌
110. 百間川・岡山の自然を守る会
111. 夢二のふるさと・真田芳夫・葛原茂樹
112. 岡山の梵鐘・川端定三郎
113. 岡山の演劇・山本遺太郎
114. 岡山話の散歩・岡　長平
115. 岡山地名考・宗田克巳
116. 岡山の戦災・野村増一
117. 岡山の町人・片山新助
118. 岡山の会陽・三浦　叶
119. 岡山の石・宗田克巳
120. 岡山の滝と渓谷・川端定三郎
121. 岡山の味風土記・岡　長平
122. 目でみる岡山の明治・巌津政右衛門
123. 岡山の散歩道 東西・佐藤米司
124. 目でみる岡山の大正・蓬郷　巌
125. 児島湾・同前峰雄
126. 岡山の庶民夜話・佐上静夫
127. 岡山の修験道の祭・川端定三郎
128. 目でみる岡山の昭和Ⅰ・蓬郷　巌
129. 岡山のふるさと雑話・佐上静夫
130. 岡山のことわざ・竹内・福尾・佐藤・次田
131. 目でみる岡山の昭和Ⅱ・蓬郷　巌
132. 瀬戸大橋・ＯＨＫ編
133. 岡山の路上観察・香川・河原
134. 岡山の相撲・三宮朔山
135. 岡山の古文献・中野美智子
136. 岡山の門・小出公大
137. 岡山の内田百閒・岡　将男
138. 岡山の彫像・蓬郷　巌
139. 岡山の名水・川端定三郎
140. 両備バス沿線・両備バス広報室
141. 岡山の明治の雑誌・片山・来田・菱川
142. 岡山の災害・蓬郷　巌
143. 岡山の看板・河原　馨
144. 由加山・原　三正
145. 岡山の祭祀遺跡・八木敏乗
146. 岡山の表町・岡山を語る会
147. 逸見東洋の世界・臼井洋輔
148. 岡山ぶらり散策・河原　馨
149. 岡山名勝負物語・久保三千雄
150. 坪田譲治の世界・善太と三平の会
151. 備前の霊場めぐり・川端定三郎
152. 藤戸・原　三正
153. 矢掛の本陣と脇本陣・武・中山・岡田・池田・柴口
154. 岡山の図書館・黒崎義博
155. 岡山の戦国時代・松本幸子
156. 岡山の資料館・河原　馨
157. カブトガニ・惣路紀通
158. 正阿弥勝義の世界・臼井洋輔
159. 木山捷平の世界・定金恒次
160. 岡山の備前ばらずし・窪田清一
161. 良寛さんと玉島・森脇正之
162. 備中の霊場めぐり・川端定三郎
163. 岡山の多層塔・小出公大
164. 六高ものがたり・小林宏行
165. 下電バス沿線・下電編集室
166. 岡山の博物館めぐり・川端定三郎
167. 岡山の民間療法(上)・鶴藤鹿忠・竹内平吉郎
168. 吉備高原都市・小出公大
169. 玉島風土記・森脇正之
170. 洋学者箕作阮甫とその一族・木村岩治
171. 夢二郷土美術館・松田基・楢原雄一
172. 岡山のダム・川端定三郎
173. 岡山の森林公園・河原　馨
174. 宇田川家のひとびと・水田楽男
175. 岡山の民間療法(下)・鶴藤鹿忠・竹内平吉郎
176. 岡山の温泉めぐり・川端定三郎
177. 阪谷朗廬の世界・山下五樹
178. 目玉の松ちゃん・尾上松之助・中村房吉
179. 吉備ものがたり(上)・市川俊介
180. 中鉄バス沿線・中鉄バス㈱企画部
181. 飛翔と回帰―国吉康雄の西洋と東洋・小澤善雄
182. 岡山の智頭線・河原　馨
183. 出雲街道・片山　薫
184. 備中高松城の水攻め・市川俊介
185. 美作の霊場めぐり・川端定三郎
186. 吉備ものがたり(下)・市川俊介
187. 津山の散策 にし／ひがし・黒田晋・竹内平吉郎
188. 倉敷福山と安養寺・前川　満
189. 鷲羽山・山本慶一・西田正憲
190. 和気清麻呂・仙田　実
191. 岡山たべもの歳時記・鶴藤鹿忠
192. 岡山の源平合戦談・市川俊介
193. 岡山の氏神様・三宮朔山
194. 岡山の乗り物・蓬郷　巌
195. 岡山・備前地域の寺・川端定三郎
196. 岡山ハイカラ建築の旅・河原　馨
197. 牛《うし》窓《まど》を歩く・前川　満
198. 岡山のレジャー地・倉敷ぶんか倶楽部
199. 斉藤真一の世界・斉藤裕重・イシイ省三
200. 巧匠　平櫛田中・原田純彦

201. 総社の散策・神野 力・葛原克人・加藤信二
202. 岡山の路面電車・楢原雄一
203. 岡山ふだんの食事・鶴藤鹿忠
204. 岡山のふるさと市・倉敷ぶんか倶楽部
205. 岡山の流れ橋・渡邉隆男
206. 岡山の河川拓本散策・坂本亜紀児
207. 備前を歩く・前川 満
208. 岡山言葉の地図・今石元久
209. 岡山の和菓子・太郎良裕子
210. 吉備真備の世界・中山 薫
211. 柵原散策・片山 薫
212. 岡山の岩石・野瀬重人・沼野忠之
213. 岡山の能・狂言・金関 猛
214. 岡山の鏝絵・赤松壽郎
215. 山田方谷の世界・朝森 要
216. 岡山おもしろウオッチング・おかやま路上観察学会
217. 岡山の通過儀礼・鶴藤鹿忠
218. 日生を歩く・前川 満
219. 備北・美作地域の寺・川端定三郎
220. 岡山の親柱と高欄・渡邉隆男
221. 西東三鬼の世界・小見山 輝
222. 岡山の花粉症・三好・難波・岡 岡野・山本
223. 操山を歩く・谷淵陽一
224. おかやま山陽道の拓本散策・坂本亜紀児
225. 霊山熊山・仙田 実
226. 岡山の正月儀礼・鶴藤鹿忠
227. 原子物理学の父 仁科芳雄・井上 泉・イシイ省三
228. 赤松月船の世界・定金恒次
229. 邑久を歩く・前川 満
230. 岡山の宝箱・臼井洋輔・臼井隆子
231. 平賀元義を歩く・渡部秀人・竹内佑宜
232. 岡山の中学校運動場・奥田澄二
233. おかやまの桃太郎・市川俊介
234. 岡山のイコン・植田心壮
235. 神島八十八ヶ所・坂本亜紀児
236. 倉敷ぶらり散策・倉敷ぶんか倶楽部
237. 作州津山 維新事情・竹内佑宜
238. 坂田一男と素描・妹尾克己・イシイ省三
239. 岡山の作物文化誌・臼井英治
240. 児島八十八ヶ所霊場巡り・倉敷ぶんか倶楽部
241. 岡山の花ごよみ・前川 満
242. 英語の達人・本田増次郎・小原 孝
243. 城下町勝山ぶらり散策・橋本惣司・倉敷ぶんか倶楽部
244. 高梁の散策・朝森 要
245. 薄田泣菫の世界・黒田えみ
246. 岡山の動物昔話・立石憲利・江草昭治
247. 岡山の木造校舎・河原 馨
248. 玉島界隈ぶらり散策・小野敏也・倉敷ぶんか倶楽部
249. 岡山の石橋・北脇義友
250. 哲西の先覚者・加藤章三
251. 作州画人伝・竹内佑宜
252. 笠岡諸島ぶらり散策・NPO法人かさおか島づくり海社
253. 磯崎眠亀と錦莞莚・吉原 睦
254. 岡山の考現学・おかやま路上観察学会
255. 「備中吹屋」を歩く・前川 満
256. 上道郡沖新田・安倉清博
257. 続・岡山の作物文化誌・臼井英治
258. 土光敏夫の世界・猪木正実
259. 吉備のたたら・岡山地名研究会
260. いろはで綴る ボクの子供事典・赤枝郁郎
261. 民話の里 鏡野町伝説紀行・立石憲利・片田知宏
262. 笠岡界隈ぶらり散策・ぶらり笠岡友の会
263. つやま自然のふしぎ館・森本信一
264. 岡山の山野草と野生ラン・小林克己
265. 文化探検 岡山の甲冑・臼井洋輔
266. ママカリ ヒラに まったりサーラ・窪田清一
267. 岡山の駅舎・河原 馨
268. 守分 十の世界・猪木正実
269. 備中売薬・土岐隆信・木下 浩
270. 倉敷市立美術館・倉敷市立美術館
271. 津田永忠の新田開発の心・柴田 一
272. 岡山ぶらりスケッチ紀行・南 一平・網本善光
273. 倉敷美観地区 歴史と民俗・吉原 睦
274. 森田思軒の世界・倉敷ぶんか倶楽部
275. 三木行治の世界・猪木正実
276. 岡山路面電車各駅街歩き・倉敷ぶんか倶楽部
277. 赤磐きらり散策・高畑富子
278. 岡山民俗館 民具一〇〇選・岡山民俗学会
279. 笠岡市立竹喬美術館・笠岡市立竹喬美術館
280. 岡山の夏目金之助(漱石)・横山俊之・熊代正英
281. 吉備の中山を歩く・熊代哲士・熊代建治
282. 備前刀 日本刀の王者・佐藤寛介・植野哲也
283. 繊維王国おかやま今昔・猪木正実
284. 温羅伝説・中山 薫
285. 現代の歌聖 清水比庵・笠岡市立竹喬美術館
286. 鴨方往来拓本散策・坂本亜紀児
287. 玉島 旧柚木家ゆかりの人々・倉敷ぶんか倶楽部
288. カバヤ児童文庫の世界・岡 長平
289. 野﨑邸と野﨑武左衛門・猪木正実
290. 岡山の妖怪事典 妖怪編・木下 浩
291. 松村緑の世界・黒田えみ
292. 吉備線各駅ぶらり散策・倉敷ぶんか倶楽部
293. 「郷原漆器」復興の歩み・高山雅之
294. 作家たちの心のふるさと・加藤章三
295. 自画像の異彩画家 河原修平の世界・倉敷ぶんか倶楽部
296. 岡山の妖怪事典 鬼・天狗・河童編・木下 浩
297. 歴史・伝承・文学・アート 岡山の魅力再発見・柳生尚志
298. 井原石造物歴史散策・大島千鶴
299. 岡山の銀行 合併・淘汰の150年・猪木正実
300. 吹屋ベンガラ・臼井洋輔